Burchard Brentjes

DER MYTHOS VOM DRITTEN REICH

Drei Jahrtausende Sehnsucht nach Erlösung

Fackelträger-Verlag

Die Deutsche Bibliothek – CIP-Einheitsaufnahme
Brentjes, Burchard:
Der Mythos vom Dritten Reich : drei Jahrtausende Sehnsucht nach
Erlösung / Burchard Brentjes. – Hannover : Fackelträger-Verl., 1997
ISBN 3-7716-2112-7

© 1997 by Fackelträger-Verlag GmbH, Hannover
Alle Rechte vorbehalten.

Einbandgestaltung: Matthias Thorn, Leipzig
Satz und Reproduktion: Satz Repro Graphik GmbH, Leipzig
Druck und Bindearbeiten: Druckhaus zu Altenburg
ISBN 3-7716-2112-7

Inhaltsverzeichnis

I.	Der Traum von der Erlösung	7
II.	Das Jahrtausend des Vaters	11
III.	Die Offenbarung Johanni und das »Tausendjährige Reich des Sohnes«	20
IV.	Joachim di Fiore, der Prophet des Dritten Reiches	27
	1. Der Schatten des Abtes	27
	2. Das Leben des Propheten	29
	3. Das Reich des Heiligen Geistes	31
V.	Die Söhne Joachim di Fiores	39
	1. Spirituale und Brüder des freien Geistes	39
	2. Friedrich II. – Messias oder Antichrist?	42
	3. Hus, Müntzer, Chelčicky: Drei Wege der Erlösung?	44
	4. Der Chiliasmus auf dem Wege zur Philosophie	48
VI.	Die Revolutionen der »Enkel« Joachim di Fiores Der Weg in das Reich der Tugend?	53
	1. Die aufgeklärten Chiliasten	53
	2. Die Enkel Joachim di Fiores in der deutschen klassischen Philosophie	56
VII.	Die Spiritualen des an und für sich seienden Geistes	66
VIII.	Die Revolution als Negation des »Zweiten Reiches« Wissenschaft oder atheistischer Chiliasmus?	69
	1. Freiheit, Gleichheit, Brüderlichkeit	69

	2. Der Weg zum Kommunistischen Manifest	76
	3. Das Warten auf die Revolution	81
	4. Die asiatische Produktionsweise	
	Die Entstehung eines Dogmas	86
	5. Die Jahre des Wandels	90
	6. Die »russische Periode« bei Marx und Engels	92
IX.	Der Antichrist des 20. Jahrhunderts und die »Schwärmer« unserer Zeit	97
	1. Die blutige Persiflage	97
	2. Der Traum von der Abrüstung	99
	3. Die idealisierte Antike als Gesellschaftsmodell	104
	4. Die siebzig Jahre des »Dritten Rom«	107
	5. Der 2. Weltkrieg, die UdSSR als Weltmacht und das Scheitern des »real existierenden Sozialismus«	123
X.	Erlösungsträume des 20. Jahrhunderts in Westeuropa und der islamischen Welt	129
	1. Vom Reformkommunismus zur Ideologie der »Grünen« und…?	130
	2. Geht es auch anders?	134
	3. Der islamische Fundamentalismus – eine Form der Utopie	144
XI.	Das 3. Jahrtausend	149
XII.	Literatur	150
XIII.	Begriffe und Namen	155
XIV.	Register	161

I. Der Traum von der Erlösung

»Es wird zur letzten Zeit der Berg, da des Herrn Haus ist, fest stehen, höher als alle Berge und über alle Hügel erhaben und alle Heiden werden herzulaufen, und viele Völker werden hingehen und sagen: Kommt, laßt uns auf den Berg des Herrn gehen, zum Hause des Gottes Jakobs, daß er uns lehre seine Wege und wir wandeln auf seinen Steigen. Denn von Zion wird Weisung ausgehen und des Herrn Wort von Jerusalem. Und er wird richten unter den Heiden und zurechtweisen viele Völker. Da werden sie ihre Schwerter zu Pflugscharen und ihre Spieße zu Sicheln machen. Denn es wird kein Volk wider das andere das Schwert erheben, und sie werden hinfort nicht mehr lernen, Krieg zu führen.«[1]

In tiefer Not seines Volkes verhieß der Prophet Jesaja den kommenden Weltfrieden, das Reich Gottes auf Erden, vor nahezu dreitausend Jahren. Und was ist geschehen? Noch immer schreien die Völker nach Frieden und Brot, sehnen sie sich nach dem verheißenen »Goldenen Zeitalter« ohne Schwerter und Spieße. Sie sind bereit zur Arbeit und zum Leben und finden nur mäßigen Trost in den Texten ihrer heiligen Schriften, denn alle Versprechungen verwehte der Wind der Geschichte.

Dieser Glaube an eine endliche Erlösung von dem Übel ist ein Erbteil Europas aus dem Vorderen Orient. Die Hindus haben diese Konzeption nicht entwickelt. Für sie ist das Leben endlos und nur das Individuum vergänglich. Dieses hat es selbst in der Hand, wie sich sein Dasein im nächsten Leben gestalten wird. Durch das Sam-

---
[1] Jesaja 2.2–4

meln von Verdiensten kann es aufsteigen bis zu den Göttern oder durch Sünden abfallen bis in die Existenz als Pflanze oder Tier. Hier konnte keine Endzeithoffnung aufkommen, keine Heilsgeschichte, die dem Gläubigen eine Erlösung durch Gottes Gnade in Aussicht stellte.

Diese grundverschiedene Weltsicht prägte die Kulturgeschichte Europas im Unterschied zur Weltsicht der Hindus, für die eine zeitlich begrenzte Geschichte bedeutungslos ist, während es für das Geschichtsbild Europas bis vor knapp 200 Jahren nur eine Dauer der Menschheitsgeschichte von wenig mehr als sechs Jahrtausenden gab. Inzwischen glauben die Historiker zur wissenschaftlichen Schau ihrer Materie gelangt zu sein, aber auch sie unterliegen der Einbindung des Individuums in seine Traditionen im Denken und Handeln.

Karl Marx schrieb in seinem Buch vom »18. Brumaire des Louis Bonaparte« 1852: »Die Menschen machen ihre eigene Geschichte, aber sie machen sie nicht aus freien Stücken, nicht unter selbstgewählten, sondern unter unmittelbar vorgefundenen, gegebenen und überlieferten Umständen. Die Tradition aller toten Geschlechter lastet wie ein Alp auf dem Gehirne der Lebenden«[2]. Er, der sich als Revolutionär und Wissenschaftler verstand, war diesem Gesetz ebenso unterworfen wie seine Anhänger und ihre Gegner. Er dachte im Rahmen seiner Umwelt, unter den Vorgaben seiner Schule und seiner Erfahrungen. Marx führte das Werk seines Lehrers Hegel weiter, ging über ihn hinaus und strebte stets nach neuer Erkenntnis – und blieb doch zugleich im Rahmen der jüdisch-christlichen Heilserwartung einer Endzeit. So realistisch er auch seine Umwelt sah, so blieb er doch dem Glauben verbunden, daß die Entwicklung der Gesellschaft zur »Welt der Freiheit« führen werde. Er sah in der Geschichte eine sich in Widersprüchen vom Niederen zum Höheren entwickelnde Einheit, die die Völker aus dem Elend erlösen werde, und stand damit in der Tradition Jesajas und Daniels, Johannes' und Paulus', Joachim di Fiores und Thomas Müntzers, Lessings und Hegels. Er lebte in der Zeit der französischen Revolutionen und hatte von Hegel gelernt, daß die Zeitalter im Aufstieg vom Niederen zum Höheren fortschreiten würden, wie

---

[2] MEW, Bd. 8, 1960, S. 115

die Revolutionen der Reformation und der Franzosen bewiesen hätten. Er hat sich offenbar nie die Frage vorgelegt, woher diese Fortschrittsgläubigkeit einschließlich des Versprechens einer endlichen Erlösung kam, und bereitete so den Weg für eine neue religiöse Bewegung: den Marxismus, der nur als Aufhebung des Christentums im Hegelschen Sinne verstanden werden kann, als eine radikale Reformation, die an die Stelle einer personifizierten Trinität im Jenseits die persönliche Autorität des als höchstes Wesen empfundenen Menschen setzte.

Der »neue Mensch« sollte aus gewandelten sozialen Verhältnissen entstehen, und ein neues Zeitalter der Gleichheit und des Friedens, der Freiheit ohne Staat und Gewalt sollte aus der Anwendung der Gewalt gegen die Gewaltigen hervorgehen. Auch wenn Marx sich kaum die Frage gestellt hat, woher denn die Ideen einer in Zeitalter gegliederten, aufwärts zur friedlichen Endzeit strebenden Geschichte kamen, so hat zumindest sein Freund Friedrich Engels die tiefen Gemeinsamkeiten ihrer Überzeugungen mit jenen der Urchristen und der Sektierer des Mittelalters erfaßt. Aus dem Leben und Sterben des als Vorgänger empfundenen Thomas Müntzer zogen beide den optimistischen Schluß, jene Enkel zu sein, die den Kampf besser ausfechten würden. Die Millionen der Arbeiterbewegung folgten ihnen und ihren Epigonen, die die Gewalt nicht überwanden, sondern in einer blutigen Welt den Marxschen Rationalismus pervertierten und an die Stelle des »neuen Menschen« einen Stalin stellten. Heute, nach einem neuen »Mühlhausen«, nach der Niederlage im »Kalten Krieg«, ist es an der Zeit, zurückzuschauen und die Wurzeln freizulegen, aus der die neue Religion, von der Amtskirche wie alle früheren »Ketzereien« erbarmungslos verfolgt, erwuchs.

Im Blick zurück verliert das Schicksal der marxistischen Bewegung den Anschein ihrer Einmaligkeit. Sie reiht sich ein in eine Jahrtausende alte Tradition des Aufbäumens gegen Willkür und Herrschermacht, des Suchens nach Wahrheit und Gerechtigkeit wie des Irrtums, sie erreichen zu können. Das Buch kann keine vollständige Geschichte der revolutionären und sektiererischen Bewegungen sein. Der Verfasser will sich bescheiden auf den Nachweis, daß die Grundhoffnungen der nichttheistischen Religion des Karl Marx kein Ergebnis des 19. Jahrhunderts waren, sondern sich durch die Geschichte Europas ziehen, daß sie tief in der Vergangenheit des Vorderen Orients wurzeln – in der Überzeugung vom kommenden Tausendjährigen Reich der Gerechtigkeit ohne Unterdrückung, Blutvergießen und Krieg –, und daß sie stets an der erbarmungslosen Wirklichkeit gescheitert sind. Die Utopie ist uralt und lebt fort, da der Mensch leidet und nach Erlösung schreit – bis heute vergebens; und gerade deshalb wird es immer aufs neue Utopien geben, träumerische, verzweifelte oder kämpferische, und sie werden scheitern wie ihre Vorgänger. Die Geschichte hat kein Ziel und keine Moral. Sie wälzt sich fort in ihren alten Betten, und nur gläsernen Brücken gleichende Regenbogen trösten die Mühseligen und Beladenen.

---

3 Amos, 5, 11, 13 und 16

II. Das Jahrtausend des Vaters

Die Geistesgeschichte Europas ist stark von den Traditionen Altvorderasiens geprägt, die vor allem durch die im »Alten Testament« gesammelten Schriften übermittelt worden sind. Besonders die Propheten und Mahner kündeten vom Elend und der Hoffnung eines der kleinen Völker, die zwischen die Mahlsteine der endlosen Kriege gerieten und unter der Unterdrückung durch die eigenen Herren litten. Die Stämme Israels hatten in den unruhigen Jahren des späten 2. Jahrtausends v. Chr. das Land zwischen Mittelmeer und Jordan besetzt und unter zwei Königen, David und Salomo, für wenige Jahrzehnte den Staat Israel gehalten, der bereits 933 v. Chr. in die Staaten Israel und Juda zerfiel. Immer wieder in die Kriege ihrer Umgebung verwickelt, litten die Armen und Bedrückten unter dem blutigen Regime ihrer Könige. Sie fanden in den »Propheten« beredte Zeugen ihrer Not. Diese klagten die Herrschenden an, so der Prophet Amos: »Darum, weil ihr die Armen unterdrückt und nehmt von ihnen hohe Abgaben an Korn, so sollt ihr in den Häusern nicht wohnen, die ihr von Quadersteinen gebaut habt, und den Wein nicht trinken, den ihr in den feinen Weinbergen gepflanzt habt. Denn ich kenne eure Freveltaten, die so viel sind, und eure Sünden, die so groß sind, wie ihr die Gerechten bedrängt und Bestechungsgeld nehmt und die Armen im Tor (dem Ort des Gerichts, Anm. d. Verf.) unterdrückt. Darum muß der Kluge zu dieser Zeit schweigen, denn es ist eine böse Zeit... Darum spricht der Herr: ›Es wird in allen Gassen Wehklagen sein und auf allen Straßen wird man sagen: ‹Wehe, wehe›!‹.«[3] (Anm. s. S. 10)

Seine Weissagungen sollten schreckliche Wahrheit werden. Vom Norden her fielen die Assyrer ins Land ein und beendeten im Jahre 722 v. Chr. die Existenz des Staates Israel. Sie deportierten große Teile der Bevölkerung und siedelten aramäische Volksgruppen im Lande an. »Da wurde der Herr sehr zornig über Israel und tat es von seinem Angesicht weg, so daß nichts übrigblieb als der Stamm Juda allein.«[4]

Die Assyrer hatten das kleine Juda mit der Hauptstadt Jerusalem fortbestehen lassen, auch wenn sie es nach einem Aufstand 705 v. Chr. geplündert und streng bestraft hatten. Dann fiel Assur selbst dem gemeinsamen Angriff der Meder und Babylonier zum Opfer, und erneut zogen fremde Scharen gegen Juda: Vom Süden kamen die Ägypter und von Norden her die Babylonier, und schließlich hieß es im 2. Buch der Könige: »Auch Juda hielt nicht die Gebote des Herrn, seines Gottes, sondern wandelte nach den Satzungen, nach denen Israel gelebt hatte.«[5] Diese Annalen Judas endeten mit dem Bericht über die Vernichtung des Staates im August des Jahres 587 v. Chr. Große Teile des Volkes wurden nach Südmesopotamien deportiert, andere flohen nach Ägypten. Im Exil erstanden ihnen Prediger, die ihren Hoffnungen Ausdruck verliehen. So heißt es beim Propheten Ezechiel, der die Leiden des Volkes aus den Sünden der Väter und Vorväter erklärte und eine Erlösung von dem Übel nach der Heimkehr in ein wiedererblühendes Israel versprach: »Darum weissage über das Land Israel und sprich zu den Bergen und Hügeln, zu den Bächen und Tälern: So spricht Gott der Herr: Siehe, ich rede in meinem Eifer und Grimm, weil ihr solche Schmach von den Heiden tragen mußtet. Darum spricht Gott der Herr: Ich hebe meine Hand auf zum Schwur: Wahrlich, eure Nachbarn, die Heiden ringsumher, sollen ihre Schande tragen. Aber ihr Berge Israels sollt wieder grünen und eure Frucht bringen meinem Volk Israel, denn bald sollen sie heimkehren. Denn siehe, ich will mich wieder zu euch kehren und euch mein Angesicht zuwenden, daß ihr angebaut und besät werdet. Und ich will viele Menschen auf euch wohnen lassen, das ganze Haus Israel insgesamt, und die Städte sollen wieder bewohnt und die Trümmer auf

---

4 Könige, 17,18
5 Könige, 17,19

gebaut werden. Ja, ich lasse Menschen und Vieh auf euch zahlreichwerden; sie sollen sich mehren und fruchtbar sein. Und ich will euch wieder bewohnt sein lassen wie früher und ich will euch mehr Gutes tun als je zuvor, und ihr sollt erfahren, daß ich der Herr bin. Ich will wieder Menschen über euch ziehen lassen, nämlich mein Volk Israel; die werden dich besitzen, und du sollst ihr Erbteil sein und ihnen die Kinder nicht mehr nehmen. So spricht Gott der Herr: Weil man das von euch sagt: ›Du hast Menschen gefressen und deinem Volk die Kinder genommen, darum sollst du nun nicht mehr Menschen fressen und deinem Volk nicht mehr die Kinder nehmen‹, spricht Gott der Herr. Und ich will dich nicht mehr die Schmähungen der Heiden hören lassen, und du sollst den Spott der Heiden nicht mehr tragen und sollst deinem Volk nicht mehr die Kinder nehmen, spricht Gott der Herr.«[6]

Diese Weissagung sollte in Erfüllung gehen. Im Jahre 539 v. Chr. erschienen die Perser vor Babylon, und die Priester öffneten ihnen die Tore kampflos. Ein neuer Jesaja verkündete: »Vom Norden her habe ich einen kommen lassen, und er ist gekommen, vom Anfang der Sonne her, den, der meinen Namen anruft. Er zerstampfte die Gewaltigen wie Lehm und wie der Töpfer, der Ton tritt. Wer hat es von Anfang an verkündigt, daß wir's vernahmen? Wer hat es vorher geweissagt, daß wir sagen: Das ist recht! Das da ist keiner, der es verkündigte, keiner, der etwas hören ließ, keiner, der von euch ein Wort hörte. Ich bin der erste, der zu Zion sagt: Siehe, da sind sie, und Jerusalem gebe ich einem Freudenboten.«[7] Weiter heißt es: »So spricht der Herr zu seinem Gesalbten, zu Cyrus, den ich bei seiner rechten Hand ergriff, daß ich Völker vor ihm unterwerfe und Königen das Schwert abgürte, damit vor ihm Türen geöffnet und Tore nicht verschlossen werden.«[8]

Viele der Deportierten kehrten heim, und Jerusalem wurde wie nie zuvor der Hort des orthodoxen Judentums, wurden doch von den Bauern und Hirten des Landes viele Gottheiten verehrt, Götter, die den Heimkehrenden als Götzen erschienen und deren Bekenner verfolgt wurden. Es bildete sich ein Kleinstaat, der nach

---

6 Ezechiel, 36,615
7 Jesaja, 41,25–27
8 Jesaja, 45,1

zwei Jahrhunderten relativer Ruhe in den Zusammenbruch des Perserreiches hineingezogen wurde und schließlich unter die Macht der Ägypten beherrschenden Ptolemäer geriet, die in vier großen Kriegen gegen die Seleukiden in Syrien Palästina behaupteten. Die zumeist auf palästinensischem Boden ausgetragenen Kämpfe lagen drückend auf dem Lande, das schließlich im fünften »Syrischen Krieg« (200–195 v. Chr.) an die Seleukiden fiel. Nach dem Vorbild der Pharaonen hatten die Ptolemäer kaum in das innere Leben der ihnen untertanen Städte und Stämme eingegriffen, während die Seleukiden versuchten, ihre Untertanen zu hellenisieren. Antiochos IV. Epiphanes (175–164 v. Chr.) verwandelte Jerusalem in eine hellenistische Stadt und entfremdete die Oberschichten ihrer alten Tradition.

Die der angestammten Religion ergebenen Bauern und Handwerker leisteten Widerstand, den Antiochos mit offenem Terror beantwortete. Die Anbetung Jahves wurde verboten, und der König forderte Verehrung seiner selbst als Staatsgott. Die Stimmung unter den Gläubigen reflektiert das damals verfaßte Buch Daniel. Der Verfasser gibt vor, in der Zeit Nebukadnezars von Babylon gelebt zu haben, und prophezeit in lebhaften Bildern den Aufstieg und Untergang der Reiche, die die Juden in den vergangenen Jahrhunderten erlebt und erlitten hatten. Es entstand eine erste mystisch verbrämte Geschichtsschreibung, auf die noch Jahrhunderte später zurückgegriffen wurde: »Diese vier großen Tiere sind vier Königreiche, die auf Erden kommen werden. Aber die Heiligen des Höchsten werden das Reich empfangen und werden's immer und ewig besitzen. Danach hätte ich gerne Genaueres gewußt über das vierte Tier, das ganz anders war, als alle andern, ganz furchtbar, mit eisernen Zähnen und ehernen Klauen, das um sich fraß und zermalmte und mit seinen Füßen zertrat, was übrigblieb; und über die zehn Hörner auf seinem Haupt und über das andere Horn, das hervorbrach, vor dem drei ausfielen, und es hatte Augen und ein Maul, das große Dinge redete, und war größer als die Hörner, die neben ihm waren. Und ich sah das Horn kämpfen gegen die Heiligen, und es behielt den Sieg über sie, bis der kam, der uralt war, und Recht schaffte den Heiligen des Höchsten und bis die Zeit kam, daß die Heiligen das Reich empfingen. Er sprach: Das vierte Tier wird das vierte Königreich auf Erden sein; das wird ganz anders sein als alle andern Königreiche; es wird alle Länder fressen, zertreten und zermalmen. Die zehn Hörner bedeuten zehn Könige, die aus diesem Königreich hervorgehen werden. Nach ihnen aber wird ein anderer aufkommen, der wird ganz anders sein als die vorigen und wird drei Könige stürzen. Er wird den Höchsten lästern und die Heiligen des Höchsten vernichten und wird sich unterstehen, Festzeiten und Gesetze zu ändern. Sie werden in seine Hand gegeben werden, eine Zeit und zwei Zeiten und eine halbe Zeit. Danach wird das Gericht gehalten werden; dann wird ihm seine Macht genommen und ganz und gar vernichtet werden. Aber das Reich und die Macht und die Gewalt über die Königreiche unter dem ganzen Himmel wird dem Volk der Heiligen des Höchsten gegeben werden, dessen Reich ewig ist, und alle Mächte werden ihm dienen und gehorchen.

Das war das Ende der Rede. Aber ich, Daniel, wurde sehr beunruhigt in meinen Gedanken, und jede Farbe war aus meinem Antlitz gewichen; doch behielt ich die Rede in meinem Herzen.

Im dritten Jahr der Herrschaft des Königs Belsazer erschien mir, Daniel, ein Gesicht, nach jenem, das mir zuerst erschienen war. Ich hatte ein Gesicht, und während meines Gesichts war ich in der Festung Susa im Lande Elam, am Fluß Ulai. Und ich hob meine Augen auf und sah, und siehe, ein Widder stand vor dem Fluß, der hatte zwei hohe Hörner, doch eins höher als das andere, und das höhere war später hervorgewachsen. Ich sah, daß der Widder mit den Hörnern stieß nach Westen, nach Norden und nach Süden hin. Und kein Tier konnte vor ihm bestehen und vor seiner Gewalt errettet werden, sondern er tat, was er wollte, und wurde groß. Und indem ich darauf achthatte, siehe, da kam ein Ziegenbock vom Westen her über die ganze Erde, ohne den Boden zu berühren, und der Bock hatte ein ansehnliches Horn zwischen seinen Augen. Und er kam bis zu dem Widder, der zwei Hörner hatte, den ich vor dem Fluß stehen sah, und er lief in gewaltigem Zorn auf ihn zu. Und ich sah, daß er nahe an den Widder herankam, und voller Grimm stieß er den Widder und zerbrach ihm seine beiden Hörner. Und der Widder hatte keine Kraft, daß er hätte vor ihm bestehen können, sondern der Bock warf ihn zu Boden und zertrat ihn, und niemand konnte den Widder vor seiner Gewalt erretten. Und der Ziegenbock wurde sehr groß. Und als er am stärksten geworden war, zerbrach das große Horn, und es wuchsen an seiner Stelle vier andere Hörner nach den vier Winden des Himmels hin. Und aus einem von ihnen wuchs ein kleines Horn; das wurde sehr groß nach Süden, nach Osten und nach dem herrlichen Lande hin. Und es wuchs bis an das Heer des Himmels und warf einige von dem Heer und von den Sternen zur Erde und zertrat sie. Ja, es wuchs bis zum Fürsten des Heeres und nahm ihm das tägliche Opfer weg und verwüstete die Wohnung seines Heiligtums. Und es wurde Frevel an dem täglichen Opfer verübt, und das Horn warf die Wahrheit zu Boden. Und was es tat, gelang ihm, ich hörte aber einen Heiligen reden, und ein anderer Heiliger sprach zu dem, der da redete: Wie lange gilt dies Gesicht vom täglichen Opfer und vom verwüstenden Frevel und vom Heiligtum, das zertreten wird? Und er antwortete mir: Bis zweitausenddreihundert Abende und Morgen vergangen sind; dann wird das Heiligtum wieder geweiht werden.

Und als ich, Daniel, das Gesicht sah und es gerne verstanden hätte, siehe, da stand einer vor mir, der aussah wie ein Mann, und ich hörte eine Menschenstimme mitten über dem Ulai rufen und sprechen: Gabriel, lege diesem das Gesicht aus, damit er's versteht. Und Gabriel trat nahe zu mir. Ich erschrak aber, als er kam, und fiel auf mein Angesicht. Er aber sprach zu mir: Merk auf, du Menschenkind! Denn dies Gesicht geht auf die Zeit des Endes. Und als er mit mir redete, sank ich in Ohnmacht zur Erde auf mein Angesicht. Er aber rührte mich an und richtete mich auf, so daß ich wieder stand. Und er sprach: Siehe, ich will dir kundtun, wie es gehen wird zur letzten Zeit des Zorns; denn auf die Zeit des Endes geht das Gesicht. Der Widder mit den beiden Hörnern, den du gesehen hast, bedeutet die Könige von Medien und Persien. Der Ziegenbock aber ist der König von Griechenland. Das große Horn zwischen seinen Augen ist der erste König. Daß aber vier an seiner Stelle wuchsen, nachdem es zerbrochen war, bedeutet, daß vier Königreiche aus seinem Volk entstehen werden, aber nicht so mächtig wie er. Aber gegen Ende ihrer Herrschaft, wenn die Frevler überhandnehmen, wird aufkommen ein frecher und verschlagener König. Der wird mächtig sein, doch nicht so mächtig wie sie. Er wird ungeheures Unheil anrichten, und es wird ihm gelingen, was er tut. Er wird die Starken vernichten. Und gegen das heilige Volk richtet sich sein Sinnen, und es wird ihm durch Betrug gelingen, und er wird überheblich werden, und unerwartet wird er viele verderben und wird sich auflehnen gegen den Fürsten aller Fürsten; aber er wird zerbrochen werden ohne Zutun von Menschenhand.«[9] Mit dem frechen und verschlagenen Sünder auf dem Thron war Antiochos gemeint, gegen den der Verfasser zur Vorsicht riet, nicht den Aufstand predigte, denn» ... das Reich und die Macht und die Gewalt über die Königreiche unter dem ganzen Himmel wird dem Volk der Heiligen des Höchsten gegeben werden, dessen Reich ewig ist.«[10] Dieser Trost wurde als völlig diesseitig verstanden, als ein Reich der Frommen des Höchsten, dessen Reich ewig währen würde.

Die aus den Kämpfen gegen die Seleukiden hervorgehende Dynastie der Hasmonäer (seit 150 v. Chr.) war weder eine Weltmacht noch ein Vorbild an Frömmigkeit. Rebellionen und Thronfolgekämpfe erschütterten das Land, das sich im Jahre 63 v. Chr. den Römern beugen mußte. Das Blutvergießen nahm kein Ende, und fromme Juden suchten die Ursachen dafür im Zorn Gottes über ihre Sünden. Neue Lehrer und Propheten traten auf, darunter Johannes, der durch die Taufe im Jordan die Sünden glaubte abwaschen zu können.

Einer seiner Schüler sollte zu großem Einfluß gelangen, Jesus, dem die Tradition eine Abkunft von König David zuschrieb, da der vom Volk erwartete Messias, der Erlöser, aus dem Hause des Gründers des Staates Israel stammen sollte. Er predigte die Gewaltlosigkeit, die auch von der als Essener bekannt gewordenen Gemeinde vertreten wurde. Diese folgte nach den Worten des jüdischen Historikers Flavius Josephus (im 1. Jahrhundert n. Chr.) einer asketischegalitären Lehre. Er schrieb:»Die Essener dagegen lehren, man müsse alles dem Willen Gottes anheimgeben. Sie glauben an die Unsterblichkeit der Seele und halten den Lohn der Gerechtigkeit für das erstrebenswerteste Gut. Wenn sie Weihegeschenke in den Tempel schicken, bringen sie keine Opfer dar, weil sie heiligere Reinigungsmittel zu besitzen vorgeben. Aus diesem Grunde ist ihnen der Zutritt zum gemeinsamen Heiligtum nicht gestattet, und sie verrichten demgemäß ihren Gottesdienst besonders. Übrigens sind es Menschen von vortrefflichen Sitten, und sie beschäftigen sich

---

9 Daniel, 7,17
10 Daniel, 7,27

mit Ackerbau. Ganz besonders bewundernswürdig und lobenswert aber sind sie wegen einer bei den Griechen und den anderen Völkern völlig unbekannten, bei ihnen jedoch nicht etwa erst seit kurzer Zeit, sondern schon seit vielen Jahren herrschenden ausgleichenden Gerechtigkeit, infolge deren sie vollkommene Gütergemeinschaft haben und dem Reichen nicht mehr Genuß von seinen Gütern lassen als dem Armen. Nach dieser Lehre leben über viertausend Menschen. Sie heiraten ebensowenig, als sie Knechte halten, da sie das letztere für Unrecht, das erstere aber für die Quelle alles Streitens halten, und so leben sie voneinander abgesondert und dienen einer dem anderen. Zu Verwaltern ihrer Einkünfte vom Feldertrag wählen sie tüchtige Männer aus priesterlichem Stande, die für Getreide und sonstige Nahrungsmittel zu sorgen haben.«[11]

Ihren Gedankengängen stand anscheinend jener Mann nahe, den die Christen seither als den »Gesalbten« (Christos = Messias) feiern. Er ist offenbar bei der Niederschlagung antirömischer Bewegungen hingerichtet worden. Die Legende erzählt, er habe den Titel eines »Königs der Juden« beansprucht.

Jesus verstand seine Lehre als eine Reinigung des Judentums: »Gehet nicht der Heiden Straße und zieht nicht in der Samariter Städte, sondern geht hin zu den verlorenen Schafen aus dem Hause Israel.«[12] Deutlich wird seine Sozialkritik im Appell an die Armen: »Kommet her zu mir alle, die ihr mühselig und beladen seid, ich will euch erquicken.«[13] Auch die Mahnung: »Es ist leichter, daß ein Kamel durch ein Nadelöhr gehe, als daß ein Reicher ins Reich Gottes komme«[14] belegt seine Hinwendung zu den Armen, die allerdings wenig Anklang bei den Römern und den Oberschichten Jerusalems fand. Letztere sollen seiner Hinrichtung zugestimmt haben.

Jesu Weltverständnis ist kaum aus den Schriften des Alten Testaments zu verstehen. Er soll gelehrt haben: »Mein Reich ist nicht von dieser Welt«[15], eine Auffassung, die eher aus der persischen Weltsicht verständlich wird. Deren Grundlehre war die Abfolge von drei bzw. vier Zeitaltern, in denen das Gute und das Böse einander in

---

11 Flavius Josephus. Jüdische Altertümer, XVIII,11
12 Matthäus, 10.5–6
13 Matthäus, 11.28
14 Matthäus, 19.24
15 Johannes, 18.36

der Macht ablösten, um schließlich nach dem Siege des Guten das Dasein der Welt zu beenden. Die Überzeugung, daß diese Welt des Elends bald durch eine Welt des Friedens abgelöst werde, mag mit der Einsicht in die Sinnlosigkeit des bewaffneten Kampfes gegen Rom zusammengehangen und zu der politischen Enthaltsamkeit des »Gesalbten« und seiner Anhänger beigetragen haben.

Die Friedfertigen waren in der Minderzahl, da die römische Herrschaft immer drückender wurde. Aufstände brachen aus und wurden grausam unterdrückt. Die zu Jesus haltende Gemeinde wartete auf die von ihm verheißene Rückkehr und lehnte die Teilnahme am Kampf ab. Sie wurde daher von den Radikalen aus Jerusalem vertrieben. Ihre Sendboten zogen durch die Lande und gaben es bald auf, sich nur an die Juden zu wenden. Das fand seinen Niederschlag in der Fassung der christlichen Lehre durch den Apostel Paulus, der sagte: »Da ist nicht mehr Grieche, Jude, Beschnittener, Unbeschnittener, Skythe, Knecht, Freier, sondern alles und in allen Christus.«[16]

Mit ihrem an die Armen aller Völker gerichteten Erlösungsversprechen in einer neuen Welt griff die neue Lehre in der zerfallenden römischen Gesellschaft rasch um sich und breitete sich auch im Iran aus. Bei ihrer Ausbreitung über weite iranisch und griechisch bestimmte Regionen drangen weitere fremde Vorstellungen in die sich herausbildende christliche Literatur ein. Am Hof von Edessa im Nordirak lehrte im 2. Jahrhundert n. Chr. Bardeisanes, Jesus sei der Gesandte des obersten Gottes, der die Vermischung der Urwesenheiten zu scheiden und zu lösen hätte – eine der Grundlehren des Zarathuschtrismus. Der Syrer Tatian war Anhänger der Aionenlehre und predigte in Rom. Markion, ein in Kleinasien geborener Sohn eines Bischofs, trennte den Schöpfergott des Alten Testaments vom Erlösergott, einem fremden Gott, der die Welt aus Liebe erlösen werde, womit ein neues Zeitalter beginnen werde. Diese markionitische Ausdeutung des Problems der Interpretation jüdischer und christlicher Texte erhielt viel Zuspruch, so daß eine markionitische Kirche bis in das 5. Jahrhundert in Vorderasien bestehen konnte. Den Hauptweg bildete aber das Christentum, das sich im römischen Imperium entwickelte, so widerspruchsvoll diese Entwicklung auch sein sollte.

---

16 Kolosser, 3–11

III. Die Offenbarung Johanni und das »Tausendjährige Reich des Sohnes«

In der kanonischen Sammlung der heiligen Schriften der Christen steht an letzter Stelle die »Geheime Offenbarung«, die »Apokalypse des Johannes«, eine in den Jahren um die Mitte des 1. Jahrhunderts n. Chr. entstandene Schrift. Sie atmet einen anderen Geist als die »Frohen Botschaften«, die »Evangelien«, die vier Lebensbeschreibungen Jesu. Furchtbare Vorhersagen über Krieg, Hunger und Pestilenz dienen der Hervorhebung des Versprechens, daß sich bald der endgültige Triumph Gottes und seiner Gläubigen ereignen werde. Trotz aller Verfolgungen werde der wiederkehrende Messias die Kultgemeinde Gottes zum Siege führen.

Der Verfasser der Apokalypse war ein gläubiger Anhänger der Zahlenmystik, besonders die alte heilige Zahl Sieben kehrt immer wieder. Nach einer kurzen Einleitung grüßt der Prophet die sieben Gemeinden Kleinasiens, deren Mitglieder allesamt als »Priester Gottes« verstanden werden, allen Gläubigen kommt die Priesterwürde in gleicher Weise zu. Johannes behauptete, durch eine Vision des Menschensohnes den Befehl erhalten zu haben, das Buch zu schreiben. Mit dem vierten Kapitel beginnen die allegorischen Bilder des endzeitlichen Geschehens, wobei Entlehnungen aus den Schriften Jesajas und Ezechiels deutlich zu erkennen sind. Das fünfte Kapitel behandelt eine himmlische Liturgie. Das Schicksalsbuch der Menschheit sei mit sieben Siegeln verschlossen, die niemand zu öffnen vermöge. Erst »das geschlachtete Lamm«, der »Löwe aus dem Stamme Juda« könne die geheiligten Verschlüsse erbrechen und nehme dann die Huldigung und den Lobpreis aller Himmelswesen entgegen.

Die »Öffnung der Siegel« schildert stilisiert die Geschichte der Menschheit. Das »Lamm« öffnet ein Siegel nach dem anderen. Zuerst erscheinen die vier apokalyptischen Reiter als Verkörperung von Eroberungskrieg, Bürgerkrieg, Hunger und Pest. Die Öffnung des fünften Siegels läßt die Seelen der Märtyrer unter dem Altar Gottes sichtbar werden, die nach Rache rufen. Nach der Öffnung des sechsten Siegels brechen kosmische Katastrophen aus, die nach den jüdischen apokalyptischen Texten das Kommen Gottes vorhersagen. Um die Märtyrer zu sichern, werden diese auf der Stirn gesiegelt, so daß sie vor Gottes Thron von den Sündern zu unterscheiden sind. Die Öffnung des siebenten Siegels löst eine Stille im Himmel aus, auf die die Vision der sieben Posaunen folgt.

Die ersten sechs Posaunen sind eine Schreckensfolge von Hagel, Feuer, Blut, Heuschrecken und feuerspeienden Heerscharen. Dann ist ein Text eingeschoben, der vermutlich auf ein zelotisches Flugblatt aus der Zeit der Belagerung Jerusalems durch die Römer zurückgeht. Es wird in eine Zusicherung an die Gläubigen umgedeutet, beim Weltgericht verschont zu werden.

Die siebente Posaune kündet den Gerichtstag Gottes an. Dann heißt es, Gott werde nun die Herrschaft antreten, seine Knechte, Propheten und Heiligen belohnen und die ins Verderben bringen, die die Erde verderben.

Das zwölfte Kapitel erzählt einen Mythos, die Geschichte eines himmlischen Weibes, das unter Schmerzen einen Sohn gebiert. Ein Drache droht, das Kind zu verschlingen, aber Gott rettet den Knaben, indem er ihn auf seinen Thron nimmt, während die Mutter in die Wüste flieht. Der Drache stürzt auf die Erde herab und verfolgt von nun an das Weib und seine Nachkommenschaft. Dieses Bild wird in der Interpretation auf die Gemeinde Jesu bezogen.

Das dreizehnte Kapitel beschreibt die Geschichte nach dem Vorbild des Danielbuches in Tierbildern: »Und ich sah ein Tier aus dem Meer steigen, das hatte zehn Hörner und sieben Häupter und auf seinen Hörnern zehn Kronen und auf seinen Häuptern lästerliche Namen. Und das Tier, das ich sah, war gleich einem Panther, und seine Füße wie Bärenfüße und sein Rachen wie eines Löwen Rachen. Und der Drache gab ihm seine Kraft und seinen Thron und große Macht. Und ich sah seiner Häupter eines, als wäre es tödlich wund, und seine tödliche Wunde ward heil. Und die ganze

Erde verwunderte sich des Tieres, und sie beteten den Drachen an, weil er dem Tier die Macht gab, und beteten das Tier an und sprachen: Wer ist dem Tier gleich, und wer kann wider es streiten? Und es ward ihm gegeben ein Maul, zu reden große Dinge und Lästerungen, und ward ihm gegeben, daß es mit ihm währte zweiundvierzig Monate lang. Und es tat sein Maul auf zur Lästerung Gottes, zu lästern seinen Namen und sein Haus und die im Himmel wohnen. Und ihm ward gegeben, zu streiten wider die Heiligen und sie zu überwinden; und ihm ward gegeben Macht über alle Geschlechter und Völker und Sprachen und Nationen. Und alle, die auf Erden wohnen, beten es an, deren Namen nicht geschrieben sind von Anfang der Welt in dem Lebensbuch des Lammes, das erwürgt ist. Hat jemand Ohren, der höre! Wenn jemand andre in das Gefängnis führt, der wird selber in das Gefängnis gehen; wenn jemand mit dem Schwert tötet, der muß mit dem Schwert getötet werden. Hier ist Geduld und Glaube der Heiligen!

Und ich sah ein zweites Tier aufsteigen von der Erde, das hatte zwei Hörner gleich wie ein Lamm und redete wie ein Drache. Und es übte alle Macht des ersten Tieres vor ihm, und es macht, daß die Erde und die darauf wohnen, anbeten das erste Tier, dessen tödliche Wunde heil geworden war. Und es tut große Zeichen, daß es auch macht Feuer vom Himmel fallen auf die Erde vor den Menschen; und verführt, die auf Erden wohnen, durch die Zeichen, die ihm gegeben sind, zu tun vor dem Tier; und sagt denen, die auf Erden wohnen, daß sie ein Bild machen sollen von dem Tier, das die Wunde vom Schwert hatte und lebendig geworden war. Und es ward ihm gegeben, daß es dem Bilde des Tieres Geist gab, damit des Tieres Bild redete, und machte, daß alle, welche nicht des Tieres Bild anbeteten, getötet würden. Und es macht, daß sie allesamt, die Kleinen und Großen, die Reichen und Armen, die Freien und Knechte, sich ein Malzeichen geben an ihre rechte Hand oder an ihre Stirn, nämlich den Namen des Tieres oder die Zahl seines Namens. Hier ist Weisheit! Wer Verstand hat, der überlege die Zahl des Tieres; denn es ist eines Menschen Zahl und seine Zahl ist sechshundertsechsundsechzig.«[17]

---

17 Offb. Johannes, 13

Angeklagt sind hier die römische Staatsmacht und der Kaiserkult. Mit der Schlußzahl 666 ist der »Neron Kaiser« verschlüsselt als Untier, der Erzfeind, genannt. Tröstend berichtet das vierzehnte Kapitel von dem göttlichen Lamm und seinen 14400 Nachfolgern auf dem Berge Zion, die jungfräulich Reinen, die Erstlingsfrüchte der Erlösung. Das klingt ganz nach den Essenern und fordert eine asketische Vollkommenheit, auf die viele spätere Denker zurückgreifen sollten.

Die Kapitel 16 und 17 beschreiben die Ausgießung der sieben Zornesschalen, nachdem im vorhergehenden Kapitel eine Lobpreisung Gottes durch die Gerechten erfolgt war. Die Kapitel 18 und 19 handeln von der »großen Hure« Rom und den Kaisern dieser Stadt und verkünden den Untergang »Babylons«, das hier als Synonym Roms gemeint ist.

Schließlich folgen im zwanzigsten und einundzwanzigsten Kapitel das Weltgericht und die Wiedererrichtung des neuen Jerusalem.

»Und ich sah einen Engel vom Himmel fahren, der hatte den Schlüssel zum Abgrund und eine große Kette in seiner Hand. Und er griff den Drachen, die alte Schlange, das ist der Teufel und Satan, und band ihn tausend Jahre und warf ihn in den Abgrund und verschloß ihn und tat ein Siegel oben darauf, daß er nicht mehr verführen sollte die Völker, bis daß vollendet würden die tausend Jahre. Danach muß er los werden eine kleine Zeit.

Und ich sah Throne, und sie setzten sich darauf, und ihnen ward gegeben das Gericht. Und ich sah die Seelen derer, die enthauptet sind um des Zeugnisses von Jesus und um des Wortes Gottes willen, und die nicht angebetet hatten das Tier noch sein Bild und nicht genommen hatten das Malzeichen an ihre Stirn und auf ihre Hand; diese wurden lebendig und regierten mit Christus tausend Jahre. Die andern Toten aber wurden nicht wieder lebendig, bis daß die tausend Jahre vollendet wurden. Dies ist die erste Auferstehung. Selig ist der und heilig, der teilhat an der ersten Auferstehung. Über solche hat der zweite Tod keine Macht; sondern sie werden Priester Gottes und Christi sein und mit ihm regieren tausend Jahre.

Und wenn die tausend Jahre vollendet sind, wird der Satan los werden aus seinem Gefängnis und wird ausgehen, zu verführen die Völker an den vier Enden der Erde, den Gog und Magog, um sie zu versammeln zum Streit; deren Zahl ist wie der Sand im Meer. Und sie zogen heraus auf die Breite der Erde und umringten das Heerlager der Heiligen und die geliebte Stadt. Und es fiel Feuer vom Himmel und verzehrte sie. Und der Teufel, der sie verführte, wird geworfen in den Pfuhl von Feuer und Schwefel, da auch das Tier und der falsche Prophet war, und werden gequält werden Tag und Nacht von Ewigkeit zu Ewigkeit.

Und ich sah einen großen, weißen Thron und den, der darauf saß, und vor seinem Angesicht floh die Erde und der Himmel, und ihnen ward keine Stätte gefunden. Und ich sah die Toten, beide, groß und klein, stehen vor dem Thron, und Bücher wurden aufgetan. Und ein andres Buch ward aufgetan, welches ist das Buch des Lebens. Und die Toten wurden gerichtet nach dem, was geschrieben steht in den Büchern, nach ihren Werken. Und das Meer gab die Toten, die darin waren, und der Tod und sein Reich gaben die Toten, die darin waren; und sie wurden gerichtet, ein jeglicher nach seinen Werken. Und der Tod und sein Reich wurden geworfen in den feurigen Pfuhl. Das ist der zweite Tod; der feurige Pfuhl. Und so jemand nicht gefunden ward, geschrieben in dem Buch des Lebens, der ward geworfen in den feurigen Pfuhl.

Und ich sah einen neuen Himmel und eine neue Erde; denn der erste Himmel und die erste Erde vergingen, und das Meer ist nicht mehr. Und ich sah die heilige Stadt, das neue Jerusalem, von Gott aus dem Himmel herabfahren, bereitet wie eine geschmückte Braut ihrem Mann.«[18]

Weiter heißt es: »Und er führte mich hin im Geist auf einen großen und hohen Berg und zeigte mir die heilige Stadt Jerusalem herniederfahren aus dem Himmel von Gott, die hatte die Herrlichkeit Gottes. Und ihr Licht war gleich dem alleredelsten Stein, einem Jaspis, klar wie Kristall. Und sie hatte eine große und hohe Mauer und hatte zwölf Tore und auf den Toren zwölf Engel und Namen darauf geschrieben, nämlich der zwölf Geschlechter der Kinder Israel; von Morgen drei Tore, von Mitternacht drei Tore, von Mittag drei Tore, von Abend drei Tore. Und die Mauer der Stadt hatte zwölf Grundsteine und auf ihnen die zwölf Namen der zwölf Apostel des Lammes.«[19]

---
18 Offb. Johannes, 20.1–21
19 Offb. Johannes, 21.10–14

Diese Verheißung eines tausendjährigen Reiches der Märtyrer an der Seite Jesu auf Erden sollte fortleben. Sie verband sich mit der von Montanus um 150 in Kleinasien verkündeten Lehre, die behauptet, daß mit seinem Auftreten der Paraklet erschienen und das »Dritte Reich« Wirklichkeit geworden sei. Die Hoffnung auf die baldige Wiederkehr Jesu und des heiligen Jerusalem blieb so lange lebendig, wie die junge christliche Kirche unter den Verfolgungen des Staates zu leiden hatte. Der Kirchenvater Irenäus, 177–178 Bischof von Lyon, predigte:« Es werden Tage kommen, in denen Weinstöcke wachsen werden, jeder mit 10 000 Ästen, und an jedem Ast 10 000 Zweige, und an jedem Zweig 10 000 Schößlinge, und an jedem Schößling 10 000 Trauben, und an jeder Traube 10 000 Beeren, und jede Beere wird beim Ausdrücken 25 Metreten (= ca. 40 Liter, Anm. d. Verf.) geben ... Desgleichen wird auch ein Weizenkorn 10 000 Ähren erzeugen und jede Ähre 10 000 Körner und jedes Korn 10 Pfund weißen, reinen Mehls. Und dementsprechend wird auch der Ertrag der übrigen Baumfrüchte, Samen und Kräuter sein. Und alle Tiere, welche diese von der Erde empfangenen Speisen genießen, werden friedlich und zutraulich zueinander sein und völlig untertan dem Menschen.«[20] Niemand werde mehr arbeiten müssen, und für alle werde gesorgt sein.

Im späten 4. Jahrhundert lehrte Lactantius, daß das kommende messianische Reich ein Land des Überflusses sein und selbst die Sonne heller scheinen werde.

Noch für das Jahr 380 sah der Donatist Tyconius den Anbruch der Herrschaft Christi voraus. Inzwischen war die Kirche jedoch den Bund mit dem Staat eingegangen und hatte folgerichtig die Idee eines Umsturzes auf Erden aufgegeben, da mit dem tausendjährigen Reich Christi auf Erden die Herrschaft der katholischen Kirche gemeint sei.

Die Idee des Dritten Reiches wandelte sich im Laufe der Zeit. Gegenüber dem zerfallenen Ersten Rom und dem vom Islam bedrohten Zweiten Rom, Byzanz, beanspruchte Alkuin von York im Jahre 799 für das Frankenreich den Ruhm des Dritten Reiches, indem er behauptete, daß der Frankenkönig Karl der neue David, der Führer der Christenheit sei.

---

20 Irenäus, Adv. haer. V, 33.3

Das Frankenreich verging, und der Jahrhundertkonflikt zwischen Papst und Kaiser brach an, in dessen Verlauf Gerhart von York eine neue Deutung der drei Reiche verkündete. Er war der Ansicht, daß das Erste Reich das Gottesreich des Alten Testaments gewesen sei, das Zweite, das Reich des Neuen Testaments, zwischen den beiden Herabkünften Christi bestehe und das Dritte Reich, das ewige Jerusalem, des Priesters nicht mehr bedürfe. Ohnehin habe schon im Zweiten Reich das »Reich der Freiheit« mit der Machtübernahme durch christliche Könige begonnen.

Der Papst ging siegreich aus dem Streit mit dem Kaiser hervor, und es kam die Zeit der Mönche, das Streben nach einem geistigen Reich. Es kam die Zeit Joachims, des Abtes von Fiore.

IV. Joachim di Fiore, der Prophet des Dritten Reiches

1. Der Schatten des Abtes

Seit acht Jahrhunderten wirkt in vielen Ideologien des christlichen Europa die Lehre eines Mannes nach, der als asketischer Abt in Süditalien lebte und dessen Namen heute nur wenige kennen: Joachim di Fiore, der Prophet des Dritten Reiches, des »Tausendjährigen Reiches der Seligen« auf Erden. Ja, es ist das Schlagwort der NSDAP, deren Imperium als »Drittes Reich« tausend Jahre währen sollte. Kaum einer ihrer Redner dürfte gewußt haben, daß er die Hoffnung eines chiliastischen Asketen aus Süditalien kolportierte, und es ist kein größerer Unterschied vorstellbar als der zwischen dem ersehnten Reich der wiederauferstandenen Seligen Joachim di Fiores und dem SS-Staat des Terrors – nicht zuletzt gegen die gläubigen Katholiken. Aber auch die UdSSR, der Hauptfeind des nazistischen Staates, stand in ihrer Ideologie in der Tradition des Abtes – ebenso unwissend, was den geistigen Vorfahren in der Mönchskutte betraf. Im Banne Joachim di Fiores befanden sich sowohl Thomas Müntzer und Jakob Böhme, die radikalen Franziskaner und die Verschwörer um Babeuf wie auch der große Lessing, die Philosophen Schelling und Hegel und schließlich auch Karl Marx – und kaum einer zitiert den Propheten des Tausendjährigen Reiches der Seligkeit auf Erden.

Wer war dieser Abt, dessen Schriften die doch gegen Irrlehren so mißtrauische Kirche gelten ließ, auch wenn sie sich nie dazu aufraffen konnte, ihn heilig zu sprechen, ihn, der bedeutend wirksamer gewesen ist als Hunderte verehrter Märtyrer oder Kirchenlehrer?

Sein Name taucht seit dem 13. Jahrhundert immer wieder auf in der Auseinandersetzung mit den Krisen der jeweiligen Zeit. Das Geheimnis seiner Wirkung durch die Jahrhunderte beruht in seiner Verkündung einer sicheren Erlösung aus dem Elend dieser Welt, da die Geschichte eine Heilsgeschichte sei. Das Elend auf Erden sei bald zu Ende und das Glück nahe.

Das ist altchristliche Lehre, und Joachim di Fiore hat sich auch stets als getreuen Sohn Christi gesehen, als Erben der Offenbarung Johanni. Er hat die Sehnsucht der Völker nach Frieden und Gerechtigkeit in ein kompliziertes Lehrsystem gefügt, das dieser Hoffnung ein wissenschaftlich wirkendes Gewand gab.

Dessen Grundgedanke war die Lehre von der Fortentwicklung der Geschichte in Zeitaltern vom Niederen zum Höheren, von der Strafe zur Gnade. Drei »Reiche« folgen nach Joachim di Fiore seit der Weltenschöpfung bis zur Herabkunft des Paradieses, und selbst die Mutterkirche sah er als etwas Vergehendes – ein Gedanke, der wohl seine Heiligsprechung verhindert hat. Dennoch hielten selbst die Päpste seiner Zeit diese Lehre für so real, daß sie sie nicht zu verdammen wagten.

Die Lehre von den Zeitaltern war nicht seine Erfindung, desgleichen nicht die Aussage, daß das Reich Christi nahe sei. Zeitaltervorstellungen – die Aionenlehre – beherrschten die Literatur der alten Griechen, und die Iraner spekulierten über drei je dreitausend Jahre währende Zeitalter des Kampfes zwischen dem Guten und dem Bösen – ein Kampf, in dem der Lichtgott schließlich mit Hilfe der Gläubigen siegen werde.

Weniger optimistisch waren Hesiods Lehren. Er erklärte das Elend der Gegenwart aus dem Abfall vom »Goldenen Zeitalter« der Urzeit über das »Silberne Zeitalter« und das »Eherne Zeitalter« zur »Eisernen« Gegenwart voller Not und Elend. Verwandt mit dieser Idee sind die Lehren der Abfolge von Göttergenerationen aus dem Alten Orient, und seit Jahrtausenden streben Unterdrückte und Elende in allen Gegenden der Welt nach Gerechtigkeit und Freiheit, nach einem »neuen Zeitalter«.

Und dennoch war die Lehre Joachim di Fiores neu und wirksam, auch wenn sie nirgends verwirklicht wurde, so oft auch Menschen, die seinen Ideen folgten, erschlagen, gehenkt oder auf dem Scheiterhaufen verbrannt worden sind. Er selbst hat nie die Erhebung der Armen und Verzweifelten gepredigt, denn er glaubte an die Gerechtigkeit des »Heiligen Geistes«, die die Welt der Brüderlichkeit bringen werde.

2. Das Leben des Propheten

Nur wenige sichere Quellen sprechen vom Lebensweg des späteren Abtes. Abschriften von Dokumenten der Zisterzienser aus dem 17. Jahrhundert und eine Sammlung angeblicher Wundertaten des Predigers entstanden als Begründung eines Antrags an den Heiligen Stuhl, den Abt selig zu sprechen. Eine gültige moderne Biographie verdanken wird Alfons Rosenberg, dessen Daten der Verfasser folgt.

Joachim di Fiore ist anscheinend noch vor 1150 geboren worden. Er war der Sohn eines Notars in Celico bei Cosenza. Als gut gebildeter Mann trat er in den Dienst der Verwaltung beider Sizilien. Es war die Zeit Friedrichs I. (1152–1190), jenes Hohenstaufen, der Italiens Städte in blutigen Kriegen niederwerfen wollte und schließlich auf seinem glücklosen Kreuzzug in Ostanatolien ertrank. Sein größter Erfolg in Italien war die Vermählung seines Sohnes Heinrich VI. mit der normannischen Thronerbin Siziliens, Konstanze, die Italien und Sizilien in ein Reich der Staufer verwandeln sollte.

Doch bereits der Tod Heinrichs (1197) ließ den zuvor nur mühsam unterdrückten Widerstand gegen die Fremdherrschaft ausbrechen, ein Widerstand, der in Papst Innocenz III. (1198–1216) einen energischen Führer hatte. Schon 1155 war Jerusalem in die Hand der Türken gefallen, und die Kirchenfürsten hatten zur Befreiung des »Heiligen Grabes« aufgerufen – ein Ruf, der blutige Folgen gehabt hatte. Sie führten zur Konstituierung eines Kreuzfahrerstaates in Palästina, der 1187 Jerusalem im Krieg gegen Salah ad-Din verloren hatte.

Danach waren neue Heere in den Orient gezogen, ohne in der Lage gewesen zu sein, den Untergang des Christenstaates in Asien aufzuhalten. Schließlich hatten die Kreuzfahrer selbst der alten Vormacht der Christenheit im Osten, Byzanz, den Todesstoß versetzt, als sie im Dienst Venedigs Konstantinopel erstürmten und letzten

29

Endes den aus dem Osten herandrängenden Türken den Weg nach Europa bahnten.

In diesen bewegten Jahrzehnten diente Joachim di Fiore dem sizilianischen Hof als Diplomat in Byzanz und im Nahen Osten. Die Ostkirchen in ihrem verzweifelten Abwehrkampf gegen den übermächtigen Islam und in ihrer Hinwendung zur mystisch vertieften Gläubigkeit müssen den empfindsamen jungen Mann tief beeindruckt haben. In Byzanz stieß er auf den Konflikt zwischen den Anhängern einer Unterwerfung unter Rom, um Hilfe vom Papst gegen die Türken zu erhalten, und den glaubenstreuen Traditionalisten, die den Turban der Tiara vorzogen.

Die offene Feindschaft zwischen der griechischen Orthodoxie und der lateinischen katholischen Kirche lastete schwer auf dem zutiefst gläubigen Joachim, dem die Hierarchien der Kirchenfürsten von Rom und Byzanz und ihre Verkommenheit zuwider waren. Später trat er daher für eine Vereinigung beider Kirchen auf der Basis der Gleichwertigkeit ein – eine Konzeption, die weder Rom noch Byzanz akzeptierten, wie sich 1204 in der gewaltsamen Begründung eines lateinischen Kaisertums durch die Kreuzfahrer zeigen sollte.

Joachim di Fiore beeindruckte die größere Rolle der Kontemplation in der Orthodoxie, die das Christentum stärker als die Papstkirche verinnerlichte, individualisierte. Noch mehr wirkte die Bekanntschaft mit den armenischen Monophysiten, auf die er in Palästina traf, auf ihn ein, denn ihre persönliche Frömmigkeit, die dem Wort Gottes den Vorrang vor allen Formen feudalen Kirchenprunks erteilte, sprach ihn an.

Im sich anscheinend über mehrere Jahre erstreckenden Kontakt mit den Gläubigen der Ostkirchen soll Joachim di Fiore die Anregungen für seine Hauptschriften aufgenommen haben, wobei ihn durch armenische Vermittlung durchaus auch iranische Zeitalterlegenden erreicht haben können. Zudem dürfte er in Byzanz die griechischen Aionenlehren kennengelernt haben.

Auf dem Berge Tabor, auf dem Jesus die Verklärung erfahren haben soll, sei Joachim di Fiore zu dem Entschluß gelangt, Mönch zu werden. Nach seiner Rückkehr nach Italien trat er in das Zisterzienserkloster Sambucina bei Luzzi ein und wurde mit nur 33 Jahren zum Abt des nahegelegenen Klosters Corazza gewählt. Im

Stammkloster von Casa-Mari soll er 1181–1182 mit zwei Schreibern begonnen haben, seine Schriften zu verfassen, nachdem er sich beim Papst rückversichert hatte, daß seine Ideen nicht als ketzerisch gelten würden. Er beschränkte sich nicht auf das Wort, sondern war bestrebt, nach seinem Ideal zu leben. Deshalb verließ er das Kloster als zu eng mit dem weltlichen Leben verhaftet und zog sich in das menschenleere Gebirge Calabriens zurück. Hier gründete er das der Kontemplation gewidmete Kloster S. Giovanni di Fiore, das nur Mönche strenger Askese aufnahm. Von den Zisterziensern als Klosterflüchtling bekämpft, gelang es ihm, vom Papst Clemens die Zustimmung zur Gründung eines Ordens zu erhalten, der bald über weitere Klöster verfügte. Der Orden erlosch im 15. Jahrhundert. Der Grund war wohl, daß sich die Voraussage des Gründers noch immer nicht erfüllt hatte, um 1260 werde eine neue Zeit, die Zeit der Geistkirche, beginnen, in der alle Welt wie die Schüler di Fiores in Gleichheit und Frieden leben würde.

Joachim di Fiore war kein Revolutionär. Er stand sowohl mit den Päpsten wie mit Heinrich VI. und nach dessen Ableben auch mit seiner Witwe Konstanze in freundschaftlichen Beziehungen. Als jedoch die »Alamanni« unter Friedrich II. sich gegen Rom wandten, prangerte er die Staufer als Feinde der Kirche und aller Christen an und nannte sie die Beherrscher des neuen Babylon, die das neue Jerusalem, die Kirche Petri, verfolgten und bedrängten. Im Jahre 1202 scheint er in der Einsamkeit der Sillaberge gestorben zu sein.[21]

3. Das Reich des Heiligen Geistes

Der Lebensweg Joachim die Fiores unterscheidet sich nicht sonderlich von dem anderer gläubiger Diener ihrer Kirche. Sein Werk bildet das Besondere. Der Abt berichtete, er habe am Morgen des Pfingstfestes des Jahres 1190 eine Erleuchtung erfahren, als er, in die Johannes-Apokalypse versenkt, meditierte. »Als ich um die Matutin aus dem Schlaf erwachte, da nahm ich zur Meditation die-

---

21 Rosenberg, 1955

ses Buch in die Hand. Da durchfuhr plötzlich, zu der Stunde, in der unser Löwe vom Stamme Juda auferstanden ist, eine Helligkeit der Erkenntnis die Augen meines Geistes, und mir wurde enthüllt die Erfüllung dieses Buches und die symmetrische innere Bezogenheit (concordia) des Alten und Neuen Testaments.«[22]

Das war die Grundthese des joachimitischen Werkes. Er glaubte entdeckt zu haben, daß das Alte Testament und das Neue Testament im Inneren aufeinander bezogen seien, eine innere Einheit bildeten, aus der nicht nur die Vergangenheit, sondern auch die Zukunft zweifelsfrei zu erklären seien. Damit wäre in der Tat ein Problem gelöst, das viele Gläubige seit fast zwei Jahrtausenden in innere Konflikte stürzte, weil so die zahllosen Widersprüche zwischen den von der Kirche insgesamt als heilig betrachteten Schriften gelöst werden könnten.

Joachim die Fiore hat in zehnjähriger Arbeit seine Auffassungen in vier großen Schriften dargelegt:

> Concordia novi ac veteris Testamenti
> Expositio in Apocalypsim
> Tractata super quator Evangelia
> Psalterium decem cordarum.

Er versuchte mit diesen und anderen, kleinen Schriften die unterschiedlichen Texte des Alten und Neuen Testaments ausgehend von der Auffassung zu interpretieren, daß die Texte einem verborgenen inneren Sinn folgten, zu dem er den Schlüssel gefunden zu haben glaubte. Vor allem die Johannes-Apokalypse sei in einer bildhaften Sprache voller Symbolik geschrieben, die nur über die Interpretation verständlich würde und die vielfältig auslegbar sei.

Die Apokalypse des Johannes ist die Schrift des Neuen Testaments, die historisierend nach altiranischem Vorbild die Weltgeschichte als Kampfplatz göttlicher und feindlicher Wahrheit voraussagt. In sieben Aionen Weltzeiten vollziehe sich danach die Geschichte bis zum Sieg des Heilands.

Bereits vor Joachim die Fiore hatten christliche Lehrer versucht, die Zahlensymbolik und den Sinn der Apokalypse zu deuten. Ihnen wie noch dem Abt war der Text der heiligen Schrift nicht historisch

---

22 Rosenberg, 1955, S. 17

aus ihrer Entstehungszeit zu erklären, sie versuchten vielmehr, die in den Berichten erwähnten Ereignisse als Typen der Heilsgeschichte zu verstehen, die auch in der Zukunft wiederkehren würden.

Jedes Ereignis im Neuen Testament sei demnach durch einen Typus im Alten Testament vorgegeben; eine im Mittelalter weitverbreitete Interpretationsweise, die auch die Gestaltung der sogenannten »Armenbibel« bestimmte, einer Predigthilfe für den Theologen, der mit ihren Bildern den Zusammenhang zwischen Altem und Neuem Testament optisch vorführen konnte. Ihre Abbildungen gesellten in der Regel einer Szene aus dem Neuen Testament zu ihrer Ausdeutung drei bis vier entsprechende Vorgänge aus dem Alten Testament bei.

So weit blieb Joachim di Fiore im Denken seiner Zeit verhaftet; revolutionär war hingegen seine Schlußfolgerung, daß die innere Übereinstimmung vom Alten und Neuen Testament eine weitere Entsprechung voraussage – das ewige Evangelium. Es könne angesichts der göttlichen Trinität nicht nur zwei Heilszeiten, die Gottvaters und des Sohnes, sondern es müsse deren drei geben. Auf das »Zweite Reich«, das Reich des Neuen Testaments, folge das »Dritte Reich«, das Reich des Heiligen Geistes, das tausend Jahre dauern werde. Er schrieb: » Auf drei Weltzustände (status) weisen uns die Geheimnisse der Heiligen Schrift: auf den ersten, in der wir unter dem Gesetze waren, auf den zweiten, in der wir unter der Gnade sind, und auf den dritten, welchen wir in Bälde erwarten, in noch reicherer Gnade, denn Gott, wie Johannes sagt, gab uns Gnade für Gnade, nämlich den Glauben für Liebe und beides zusammen. Der erste bezieht sich auf den Vater, der zweite auf den Sohn, der dritte auf den Heiligen Geist. Der erste Status war in der Wissenschaft, der zweite in der Macht der Weisheit, der dritte in der Vollkommenheit der Erkenntnis. Der erste war in der Knechtschaft der Sklaven, der zweite in der Dienstbarkeit der Söhne, der dritte in der Freiheit. Der erste in der Furcht, der zweite im Glauben, der dritte in der Liebe. Der erste ist der Status der Knechte, der zweite der Freien, der dritte der Freunde. Der erste der Knaben, der zweite der Männer, der dritte der Alten. Der erste steht im Sternenlicht, der zweite im Licht der Morgenröte, der dritte im vollen Tageslicht...«[23]

---

23 Rosenberg, 1955, S. 20

Joachim die Fiore gebraucht das Bild der Geburt, um das Hervorgehen des einen Zeitalters aus dem anderen zu erklären, und beruft sich auf die Apokalypse, in der das mit kosmischer Herrlichkeit bekleidete Weib in Wehen schreit. Diese sei die Mutter der Kirche, deren Urbild Rahel gewesen sei und die die neue Kirche hervorbringen müsse. Erschüttert über die Verkommenheit seiner Zeitgenossen, vor allem der Priester, glaubte er, daß das kommende Zeitalter anstelle der Priesterkirche einen von Mönchen geleiteten Liebesverband wahrer Christen mit sich bringen werde, der keiner Priester bedürfe. Die neue Geistkirche lebe in jedem, da alle ein Leben in mystischer Kontemplation lebten. Es bedürfe keines kanonischen Rechts und keiner Wissenschaft mehr, keiner Predigten und keiner Bücher, der sechste Engel der Apokalypse öffne das Siegel zur Freude und Liebe in jedem Herzen. Eine gewaltlose Revolution erfolge durch die innere Wandlung in den »neuen Menschen«. Er unterstrich: »Das Leben muß sich wandeln, weil sich der Stand der Welt beständig wandelt.«[24]

Der dritte Status breche nicht plötzlich auf, sondern habe bereits im Geheimen im Werk des heiligen Benedikt, des Gründers abendländischen Mönchwesens, begonnen.

»Der erste Status wurde durch Adam eröffnet, brachte Früchte seit Abraham und kam zur Vollendung in Christus. Der zweite wurde durch Hosea eröffnet, brachte Früchte seit Zacharias, dem Vater Johannes' des Täufers, und wird seine Vollendung in der kommenden Zeit empfangen. Der dritte begann mit dem hl. Benedikt, begann Früchte zu bringen in der 22. Generation nach diesem heiligen Mann und wird seine Erfüllung erfahren am Ende der Welt. Und zwar wird der erste Status, in welchem der Stand der Verheirateten hervortrat, dem Vater zugeordnet, der zweite, in welchem der Stand der Kleriker hervortrat, dem Sohn, der dritte, in dem der Stand der Mönche hervortritt, dem Heiligen Geist.«[25]

Für Joachim di Fiore ist jeweils der kommende Status schon in dem vorhergehenden ausgebildet, steht aber im Schatten des herrschenden. Erforderlich sei nun die Reformation der Kirche durch einen völlig armen Orden, der sich über alle früheren Orden und

---

24 Rosenberg, 1955, S. 25
25 Rosenberg, 1955, S. 26

die Welt durch seine Tugend erheben werde. In einer »Epistola zur Erklärung der Figuren eines Figurenreiches« schrieb er: »Die Genealogie der Alten Heiligen Patriarchen schlingt sich von Adam bis zu Jakob; man nennt sie den Stamm des Baumes. Von Jakob an beginnt er die Äste auszubreiten. Es waren 12 (Äste) bis zu der Zeit des Königs Hosea, in der zehn Stämme abfielen. Von Hosea bis Christus spannen sich zwei Äste aus, gewissermaßen zwei Stämme, nämlich Juda und Benjamin, die übrig blieben. Hier wird der Feigenbaum nachgebildet, den der Herr verfluchte, weil er keine Früchte an ihm fand. So wie aber dieser Feigenbaum einen Anfang hatte, ein Wachstum und ein Schwinden, so wurde auch der Anfang und gewissermaßen der Stamm dieser Weinrebe (der Stamm Juda) der Feige aufgepfropft, weil die Kirche ihren Anfang in der Synagoge hat. Der Stamm beginnt daher mit den Zeiten des Hosea, da Jesaja nicht wie ein Prophet, sondern eher wie ein Evangelist predigte. Hier nämlich beginnt das Neue Testament, da zuerst das Evangelium gepredigt wurde. Hier war daher gewissermaßen die Mitte, wo die Synagoge zu ermatten begann und die Kirche ihren Anfang nahm.

Von Christus an machte dann dieser zweite und aufgepfropfte Baum in der Tat ebensoviel Zweige wie Knospen, zwölf Kirchen nämlich, die ihren Fortschritt und ihr Wachstum hatten bis zu den Zeiten der arianischen Barbaren, die fast sämtliche Kirchen in Afrika, im Orient und in Griechenland zerstörten, zu denen alle Häretiker zu rechnen sind, die den Glauben der Römischen Kirche nicht haben. Und so bleiben gerade zwei Zweige übrig. Um es genauer zu sagen: Vom alten Baum blieb nur der Stamm Juda übrig, in der Christus ohne Häresie geglaubt und verehrt wird. Der erste Baum umfaßt vom Stamm bis zu Christus 42 leibliche Generationen, vom Stamm des zweiten Baumes bis zu Christus dem Richter sind es 42 geistige (Generationen). Doch sind jene in der Mitte, die das Ende des ersten und den Stamm des zweiten (Baumes) bilden, zum Teil geistig. Die unteren sind mit den Namen der Väter bezeichnet, die oberen aber mit drei Zehnerzahlen[26], in der Meinung, daß die Kirche durch ebenso viele geistige Generationen dauern wird, als die Synagoge leibliche zählte. Da in der Tat seit der Geburt oder besser seit der Passion Christi bis zu unserer Zeit 40 Generationen vollendet sind, das

---

26 Dies bezieht sich auf die Zeichnung des Baumes. Anm. Rosenberg

sind 1200 (Jahre), so fehlen nur noch zwei Generationen, das sind 60 (Jahre) von der Passion oder 90 von der Geburt (Christi) an, also zweimal dreißig Jahre, in denen alles erfüllt werden muß, was vom Antichrist gesagt wurde und von der Vollendung der Zeiten.

Daher die Verse[27]: ›Wenn 1200 Jahre vorüber sind (und) zehnmal sechs nach der Geburt der hohen Jungfrau, dann wird der Antichrist geboren werden, voll des Dämons‹. Wenn dann wirklich nach der Passion des Herrn 1260 Jahre vollendet sein werden, liegt es beim Willen des Herrn, wann das Ende der Welt kommen wird. Bei dieser Zeit, die Daniel[28] mit 42 Tagen aufzeichnet, legen die einen Weisen einen Monat als einen Tag aus, andere als ein Jahr, andere ein Jahrhundert, so daß 42 Tage sowohl Monate bedeuten können als auch Jahre oder Jahrhunderte größere oder kleinere Jahresabläufe. In diesen Zeiten, sagen sie, werden Zeichen erscheinen und Schrecken, damit die Menschen Buße tun und daß alle zu einem Glauben zurückkehren und der Tag des nahen Gerichtes von allen ersehnt werde. Sie erwägen die Leiden, welche den Söhnen Israels von Jakob bis zu Christus zugestoßen sind und, jenen entsprechend, die Drangsale, die die Kirche bis zur heutigen Zeit zu erleiden hatte. Sie bestätigen, daß (die Kirche) fünf Verfolgungen durchmachte und daß die sechste innerhalb von zweimal 40 Jahren zu erwarten ist. Es bedeutet, daß dies die Zeichen sind, die Johannes in der Apokalypse schaute, der die sechs Drangsale der Synagoge mit den sechs Verfolgungen der Kirche vergleicht. Im ersten Zeichen wird gewissermaßen eine Zeit der Ruhe und des Friedens sein; dieser Frieden ist jenem zu vergleichen, der von der Geburt Christi an herrscht ...

Fünf Zeitalter sind von Adam bis Christus; sechs über Christus hinaus, denn in sechs Tagen vollendete Gott seine Werke. Im siebenten (Zeitalter herrscht) nicht mehr die Arbeit, sondern die Ruhe der Seelen.

Das erste Zeitalter (dauert) von Adam bis zu Noe. Abraham beendet das zweite, David das dritte, die babylonische Auswanderung das vierte, Christus der Erlöser das fünfte, (Christus) der Richter das sechste (Zeitalter).

---

27 In einer andern Handschrift ist das Folgende in Verse gebracht. Anm. Rosenberg
28 Daniel, 7.25

Die Apokalypse zeigt den Ablauf des sechsten Zeitalters. Von Jakob bis zu Christus sind sieben Zeiten, in denen die Kämpfe vorgezeichnet sind, die auf die Leiden der gegenwärtigen Kirche hinweisen. Das sechste Zeitalter ist in sechs kleinere Zeitabschnitte aufgeteilt. Der Stamm Juda, aus dem Christus geboren wurde, bedeutet die Römische Kirche, der der Herr das königliche Priestertum geschenkt hat. Die anderen vier Stämme (bedeuten die Kirchen) von Konstantinopel, Alexandria, Antiochia und Jerusalem. Sieben Stämme die sieben Gemeinden der Apokalypse. Jene fünf Kirchen werden dargestellt durch die fünf Städte im Lande Aegypten, die die kananäische Sprache redeten. Von Mose bis zu Johannes dem Täufer waren sieben Drangsale zu erleiden. ›Siebenmal werde ich euch schlagen, wegen eurer Sünden‹[29]. Im Neuen Testament sechs, denn die zwei letzten im Alten machen eine im Neuen: Denn am sechsten Tage wurden zwei Gomer Manna gesammelt. Der erste Kampf des Alten Testaments war der mit den Aegyptern, der zweite mit den Kananäern, der dritte mit den Syrern, der vierte mit den Assyrern, der fünfte mit den Chaldäern, der sechste war der der Meder gegen Babylon und gegen den Rest der Söhne Israel. Der siebente war der der Griechen, da Antiochos Jerusalem vertilgte. Diese sieben Drangsale waren sieben geheime Siegel des Kommenden. Man weiß aber nicht, was sie bedeuten, bis Christus sie öffnen wird. Diese Kämpfe richteten sich gegen die Söhne Israels. Gegen die Kirche war es ebenso; der Kampf der Juden, als das erste Siegel geöffnet wurde, nämlich im Tode Christi. Der zweite in der Verfolgung durch die Heiden. Den Syrern sind die Perser, Goten, Vandalen, Langobarden zu vergleichen, die die Kirche bekämpft haben. Im vierten Siegel erhoben sich die Sarazenen gegen die Kirche. Im fünften die neuen Chaldäer und das neue Babylon gegen das geistige Jerusalem. Im sechsten das Ende des neuen Babylon. Sieben Drangsale sind vorübergegangen, wie schon gesagt wurde; aber die beiden letzten sind für eine zu nehmen. Die unter Antiochos erlittene Drangsal ist der zu vergleichen, die unter dem Antichrist sein wird. So sind die Siegel geöffnet und so kann man erkennen, was sie bedeuten.

---

29 3. Mose, 26.24

Der erste Teil der Apokalypse handelt von den sieben Gemeinden, der zweite von den sieben Siegeln, der dritte von den sieben Engeln, die die Tuba blasen, der vierte von dem mit der Sonne bekleideten Weib und seinem Gebären. Der fünfte von den Engeln, die mit den Schalen des Gotteszornes aus dem Tempel heraustreten. Der sechste vom Kampf des Antichrist, des Elias gegen die falschen Propheten. Der siebente vom Gericht.

Das erste Siegel bedeutet den Kampf der Hirten, das zweite den der Märtyrer, das dritte den der Lehrer, das vierte den der Jungfrauen, das fünfte den Kampf der Geistesmänner, das sechste den Kampf gegen Babylon«[30].

Hier wird das Vorbild der Johannes-Apokalypse für das Denken Joachim di Fiores deutlich. Der Abt interpretierte den Schöpfungsbericht der Genesis im Sinne seiner »concordia« als Vorhersage der sieben Weltalter der Johannes-Offenbarung. Seine eigene Zeit sah er als das Ende der fünften Weltperiode, der Zeit des Gottessohnes, repräsentiert durch die katholische Kirche, die nun bald abgelöst werde durch die sechste Phase, die Zeit des Heiligen Geistes. Mit den 42 Tagen der Daniel-Prophezeiung[31] seien 42 Generationen seit Abraham bis zum Erscheinen Jesu Christi gemeint, und nun komme mit dem Jahre 1260 die Vollendung des neuen mit 42 Generationen zu je 30 Jahren. Die Menschheit sei gerufen, die verbleibenden sechzig Jahre zu nutzen, um den Eingang in das Dritte Reich vorzubereiten.

So wie auf Abraham, Isaak und Jakob die Ausbreitung des Ersten Reiches Israels in zwölf Stämmen erfolgt sei, so seien auf Johannes den Täufer und Zacharias als den Vorläufern Jesu die zwölf Apostel gekommen, um das Zweite Reich, das Reich des Neuen Testaments, zu gründen. Nun werde nach zwei Vorläufern wiederum ein *homo Christus* mit zwölf Gefährten erscheinen, um die Menschheit im Reiche des Heiligen Geistes zu führen. Die Kirche werde aus dem Reichtum Roms in die Armut zurückkehren. Ein *papa angelo* werde erscheinen, der *universalis pontifex novae Jerusalem*, der das Reich des lebendigen Gottes trage, und werde tausend Jahre herrschen. Der Seher-Abt starb, und seine Anhänger erwarteten die »Neue Welt«.

---
30 Rosenberg, 1955, S.75–79
31 Daniel, 7.25

V. Die »Söhne« Joachim di Fiores

1. Spirituale und Brüder des freien Geistes

Nach dem Tode des Abtes brach der Streit um seine Rechtgläubigkeit aus, obwohl das Lateran-Konzil und Papst Honorius ihn ausdrücklich vor dem Vorwurf der Häresie in Schutz nahmen. Seine Schriften erreichten Deutschland und England noch vor dem erwarteten Enddatum des Zweiten Reiches. In Paris faßte Gerard von Borgo San Domino die Hauptwerke Joachim di Fiores als das »evangelium aeternum« auf, ein Gedanke, der dem frommen Abt fremd gewesen war. Bald liefen unter seinem Namen gefälschte Kommentare zu Jesaja und Jeremia um und waren weit verbreitet in den Kreisen der Spiritualen.

Die Reaktion darauf ließ nicht lange auf sich warten. Thomas von Aquino wandte sich scharf gegen die Idee eines kommenden Dritten Reiches. Aber das einmal erweckte Feuer einer Infragestellung der Amtskirche durch die Interpretation des Textes und die Forderung nach einer Reformation der Kirche loderte weiter. Es war keine Reformation im Lutherschen Sinn, der die Rückkehr zum Urchristentum zum Inhalt hatte, sondern eine Reformation der Weiterentwicklung, der Reinigung durch die Tat.

Erben Joachim die Fiores waren zuerst die radikalen Franziskaner. Ihnen folgte eine Welle der spiritualistischen Sektenbewegungen, die verschiedenste Ideale predigten – von Gewaltlosigkeit bis hin zur blutigen Rache für das den Völkern zugefügte Leid. Die Begarden und Beginen, die Taboriten und Wiedertäufer, die Brüder und Schwestern des freien Geistes, die Adamiten und die Bauernrevolutionäre Thomas Müntzers folgten dem Weg, den der Abt beschritten hatte. Eine neue Welt sollte entstehen, ein Reich der Freiheit ohne Amtskirche und Fürstengewalt.

Es ist hier nicht möglich, sie alle zu behandeln, sonst würde eine Geschichte der Sekten und Aufstandsbewegungen des Mittelalters entstehen, die so vielfältig wie zeitgebunden waren. Einige Beispiele mögen genügen.

Die ersten, die Joachim di Fiores Lehre aufnahmen, waren, wie erwähnt, Franziskaner, die den Lehren ihres Gründerlehrers Franziskus treu blieben, als die Kurie die strengen Regeln ihres Ordens aufzuweichen trachtete. Sie nahmen die ihren Idealen entsprechenden Voraussagen des Abtes auf und bezeichneten ihren Orden als den von ihm angekündigten Träger des dritten Status, die bereits verwirklichte Geistkirche, die über die Amtskirche triumphieren werde. Der heilige Franziskus erschien als der vorausgesagte neue Evangelist, und die Schriften Joachim di Fiores wurden als das neue *evangelium aeternum* angesehen. Es kam ihnen zugute, daß selbst die Lehrer der Amtskirche ihn als zweiten Christus, als den vollkommen christusförmigen Menschen, anerkannten.

Die Franziskanerspiritualen betrachteten ihren Orden als Werk der von der Geschichte gewollten Reformation.

Die Lehren der Franziskaner prägten auch das Werk Dante Alighieris, der in seiner »Monarchie« und in seiner »Göttlichen Komödie« eine *reformatio mundi*, eine Reformation der Welt, forderte. Seine Lehrer Giovanni Olivi und Ubertino von Casale waren Franziskanerspiritualen und vermittelten ihm die Dreizeitenlehre und die Ankündigung des kommenden Zeitalters des Geistes. Der Dichter wandte sich dann zwar Thomas von Aquino zu, zählte aber in seiner »Göttlichen Komödie« Joachim di Fiore zu den seligen Glaubenslehrern und läßt den Franziskanertheologen Bonaventura den Abt als Propheten preisen: »Hier an meiner Seite erglänzt Abt Joachim, der Calabrese, der mit prophetischem Geist war begabt.«[32]

Für eine Reformation im Sinne di Fiores trat auch der Katalane Arnald von Villanuovo ein, der von einem *papa spiritualis*, einem Engelspapst, die Errichtung einer christlichen »Demokratie« der

---

32 Dante Alighieri, Göttliche Komödie, nach Rosenberg, 1955, S. 54

»Liebhaber der Wahrheit« erhoffte. Ebenso stand der Dominikaner Savonarola unter dem Einfluß Joachim di Fiores, und ohne die Reformationsideen des Calabresers ist auch Luther kaum zu verstehen. Die Augustiner ließen als erste die Schriften des Abtes 1516–1527 in Venedig drucken – eine Aktion, die für den Geist des Ordens spricht, aus dem sich Luther in jenen Jahren löste, der ja seine Reformation als den Beginn einer neuen Welt angesehen hat.

Unmittelbar wirkte Joachim di Fiores Interpretation der heiligen Schriften in den Kreisen der Suchenden, die in der Literatur häufig als »Schwärmer« bezeichnet werden. In ihren Reihen lebten nach diesen Ideen die als Ketzer verdammten Johannes Scotus Erigena und Amalrich von Bena.

Ersterer hatte aus häretisch-islamischen Quellen die Lehre von der Einheit von Schöpfer und Geschöpf entwickelt, die Einheit von Gott und Mensch, einen mystischen Pantheismus, den auch letzterer lehrte. Erigena hatte daraus die Gleichwertigkeit jedes Menschen geschlußfolgert und Jesus darin eingeschlossen. Himmel und Hölle waren ihm symbolische Begriffe. Zwischen Gut und Böse gebe es keinen Unterschied, da in allem Gott wirke und allmächtig sei. Zu diesen Auffassungen fügten sie die Lehre Joachim di Fiores, und so entstand die von der Amtskirche blutig verfolgte Bewegung der »Brüder und Schwestern des freien Geistes«.

Sie übernahm von dem Abt die Bindung der biblischen Vorschriften an die Zeiten des »Vaters« und des »Sohnes« und lehrte, Sakramente und Vorschriften würden im »Reich des Geistes« entfallen, da sich nun der Heilige Geist deutlich offenbaren und sich vor allem in sieben Männern inkarnieren werde. Das Verhältnis zwischen Gott und Mensch sei ein rein innerlicher Vorgang, der keines Priesters bedürfe.

Bereits 1209 wurde in Paris ein blutiges Strafgericht gegen diese Ketzer abgehalten, doch konnten weder Scheiterhaufen noch Kerker die Ausbreitung dieser Untergrundbewegung verhindern. Ihre Anhänger zogen durch die Lande, tauchten plötzlich an einem Ort auf und verschwanden nach blutigen Verfolgungen rasch wieder in den Untergrund. Sie glaubten, an der Wende der Geschichte der Menschheit zu stehen, dem von Joachim di Fiore vorausgesagten Jahr 1260. Sie lebten als Künder der neuen Zeit und überstanden die Enttäuschung darüber, daß das Ereignis nicht eintrat, indem sie ihre Hoffnung auf Erlösung in die Mystik verlagerten und nach einem Leben im Vollkommenen, in der Geistkirche, strebten.

2. Friedrich II. – Messias oder Antichrist?

Der anarchischen Bewegung der »Brüder und Schwestern des Freien Geistes« stand von 1212–1250 ein Kaiser gegenüber, der bei aller Freiheit des eigenen Geistes der Vertreter einer straffgeordneten, absolutistischen Staatsmacht war. Der Enkel Friedrichs I. ist denn auch seinen Zeitgenossen in zweierlei Gestalt erschienen: als der vorhergesagte Messias, der das Heilige Grab befreien und der Wiederkunft Christi und dem Tausendjährigen Reich den Weg bereiten werde, und als der Antichrist, der Teufel, der die heilige Kirche selbst zerstören wolle.

Friedrich dürfte als hochgebildeter Mann Joachim di Fiores Werk gekannt haben, war dieser doch hochgeachteter Beichtvater seiner Mutter Konstanze gewesen. Er sammelte Handschriften und zog Gelehrte an seinen Hof zu Palermo, korrespondierte mit arabischen Gelehrten und gründete die ersten Hochschulen seines sizilianischen Stammlandes. Er war ein Freigeist und ein Feind des Papstes, besonders des Herrschaftsanspruchs der Kurie. Als Ketzer und Gotteslästerer mehrmals gebannt, gewann er auf einem – dem einzigen friedlichen – Kreuzzug deutscher Kaiser Jerusalem und drohte, der Kirche ihren verderblichen Reichtum zu nehmen.

Inwieweit bei ihm selbst die Auffassungen des Abtes nachwirkten, ist schwer zu sagen. Aber ein um 1240 verfaßter Kommentar zu Jeremia prophezeite im Namen Joachim di Fiores, daß der Kaiser der verheißene Verfolger der Amtskirche sei, der diese bis zum Jahre 1260 beseitigt haben werde.

Den italienischen Spiritualen war er das »Tier« der Apokalypse und sein »Römisches Reich« Babylon, beide als Werkzeuge des Teufels zum Untergang bestimmt. Das über Deutschland verhängte Interdikt des Papstes, das alle seelsorgerischen Handlungen verbot, traf die Kaiserlichen schwer; mußten sie doch glauben, daß alle während der Geltungsdauer des päpstlichen Gebotes Verstorbenen auf ewig verdammt seien.

Umherziehende Wanderprediger riefen daher 1248 in Schwaben, der Hausmacht der Staufer, zur Mißachtung der Gebote des verkommenen Papstes auf, die vor Gott ungültig seien. Nur sie, die in Armut lebenden Prediger, seien die wahren Diener Gottes. Sie forderten das Volk auf, Friedrich und seinen Sohn Konrad zu unterstützen. Flugblätter im joachimitischen Geist liefen um und nannten – wie das Manifest des Paters Arnold – das Jahr 1260 als das kommende Schicksalsjahr. Pater Arnold werde im Namen der Armen Christus um seine Wiederkehr bitten, und dieser werde erscheinen, um den Papst als den Antichristen zu richten. Die Priester würden auf ewig verdammt dafür, daß sie die Armen ausbeuteten und unterdrückten. Gottes Wille werde geschehen, und Arnold wie seine Gefährten würden als heilige Männer in absoluter Armut an die Stelle der Kirche treten. Kaiser Friedrich sei der Garant dieser Revolution und werde das Gut der Kirche den Armen geben.

Erste Revolten brachen aus. So verbannten die Handwerker von Schwäbisch-Hall die Priester und einige reiche Patrizier aus der Stadt. Eine soziale Revolution schien heraufzuziehen, als der Kaiser zehn Jahre vor dem verkündeten Datum verschied (1250).

Die Nachricht von seinem Tod traf weithin auf Unglauben. Die einen erzählten, der Papst habe den Kaiser vertrieben, andere glaubten ihn in einer Einsiedelei in tiefer Buße versunken. Ein Mönch wollte gesehen haben, daß der Kaiser in den Ätna geritten sei, und wollte damit beweisen, daß Friedrich zur Hölle gefahren sei. Viele hielten ihn jedoch für den im Berge schlafenden Kaiser, der eines Tages wiederkehren werde, um das Reich der Gerechtigkeit zu errichten.

Die Legende wanderte nach Deutschland. 1284 trat ein falscher Friedrich in Worms auf und bald darauf ein zweiter in Lübeck. Ein Hochstapler hielt im gleichen Jahr Köln wochenlang in Atem, bis ihn die Obrigkeit vertrieb, woraufhin ihn die Neußer Gegner des Kölner Erzbischofs feierlich aufnahmen. Gerüchte über ihn erreichten Italien, woraufhin Emissäre entsandt wurden, um Sicherheit zu gewinnen. Vor allem die Joachimiten glaubten, daß Friedrich nun als Antichrist wiedergekehrt wäre.

Für kurze Zeit spielte der falsche Friedrich sogar eine große Rolle in den Kämpfen um die Macht im Reiche, allerdings nur die einer Marionette in der Hand einiger Reichsfürsten, die ihn gegen den

1273 zum König ausgerufenen Habsburger Rudolf ausspielten. Schließlich wurde der als Freund der Armen auftretende Friedrich fallengelassen und starb auf dem Scheiterhaufen. Auf dem Weg zur Richtstätte in Wetzlar versprach er seine Wiederkehr in wenigen Tagen; und in den Niederlanden trat bald darauf ein Mann auf, der beanspruchte, der Auferstandene zu sein – doch verfiel auch dieser Unglückliche dem Henker.
Die Sage bemächtigte sich des in Wetzlar Verbrannten, und noch Jahrzehnte später war man von seiner Wiederkehr überzeugt.

Schließlich verbanden sich die Hoffnungen des Volkes mit Friedrich dem Freidigen von Thüringen, und so kam die Sage in Verbindung mit dem Kyffhäuser, in dem Friedrich auf den Tag der Wiederherstellung des Reiches und der Gerechtigkeit warte.

3. Hus, Müntzer, Chelčicky: Drei Wege der Erlösung?

Während des 14. und 15. Jahrhunderts durchzogen die Anhänger der Bewegungen der Chiliasten als Wiedertäufer oder Taboriten, Adamiten oder aufständische Bauern die Lande. Allen gemeinsam war die Ablehnung der Amtskirche. Sie kämpften für eine Reformation der Kirche an Haupt und Gliedern. Einig waren sie sich jedoch nie, selbst nicht in den bitteren Stunden der Niederlage.

Die Kämpfe gegen Kaiser und Papst begannen in Böhmen, in dem 1391 Jan Hus gegen die räuberische Papstkirche wetterte. Die Tschechen litten unter dem dreifachen Joch der römischen Kirche, des deutschen Adels und der von den Deutschen beherrschten Städte. Die entstehende tschechische Kirche wurde zur Sprecherin des aufkeimenden Nationalbewußtseins und der Reformation.

Hus fand begeisterten Zulauf und wurde zum Rektor der Prager Universität gewählt. Er versuchte, die Hochschule zum nationalen Zentrum zu gestalten. Hus, der von den revolutionären Predigten des englischen Reformators Wiclif beeinflußt war, wandte sich gegen den Ablaßhandel und wurde 1412 von der am Geldbeutel getroffenen Kirche mit dem Interdikt belegt. Drei Jahre später wurde er in Konstanz als Ketzer verbrannt.

Bald darauf mußten Anhänger seiner egalitären Lehren gleichfalls den Scheiterhaufen besteigen. Aber die Flammen, in denen die Führer der Chiliasten starben, breiteten sich über ganz Böhmen aus. Ihre Bewegung erlebte ihren ersten Höhepunkt in der symbolträchtigen Gründung des revolutionären Zentrums Tabor (1420). Tabor, der Berg der Erleuchtung, lag nun in Südböhmen. Die Hussiten genannten Rebellen schlugen Ritterheere und Kreuzfahrerzüge und trugen bald den Krieg gegen alle »Ungläubigen« tief in die deutschen Lande. Die Radikalen unter den Taboriten hielten die Zeit der Rache für gekommen und behaupteten, der rächende Christus sei auf Erden erschienen, und jeder Gläubige müsse seine Hände im Blut der Feinde Christi waschen, im Blut der Herren und der Mächtigen, der Kleriker und der reichen Bürger. Solange die Kirche in den Dörfern, Städten und Burgen herrsche, müsse der Gläubige mit Feuer und Schwert ausziehen und die Erde von den Sündern säubern.

Als »Rächende Engel Gottes und Krieger Christi« fielen sie über die »Ungläubigen« her. Ihre *imitatio christi* galt dem Christus des Zorns, der Grausamkeit und der Rache *(»in zelo, furore, crudelitate et retributione«)*. Während des Tages gingen sie nackt und beriefen sich auf das Evangelium Matthäi 21.31: »Die Zöllner und Huren mögen wohl eher ins Himmelreich kommen«. Nachts fielen sie über die Feinde her und bezogen sich dabei auf Matthäus 25.6: »Zur Mitternacht aber ein Geschrei«. Erst nach der Vernichtung der Reichen und Kleriker könnten die Heiligen zu Gott gelangen und werde auf dem Berge Tabor ein »himmlisches Bankett« den Antritt der Macht Christi auf Erden feiern.

Sie folgten in ihren Lehren den Gedanken der »Brüder und Schwestern des freien Geistes« und verwarfen die Gesetze des Sakraments. Schließlich wurden sie 1420–1421 von den »Gemäßigten« vertrieben und weitgehend ausgerottet. Die Führung fiel an den niederen Adel und die Städte, und trotz aller Erfolge im Kampf gegen die äußeren Feinde vernichtete die Adelspartei 1434 die plebejischen Teile der Hussiten. Die Sieger einigten sich bald mit Kaiser und Reich.

Eine pazifistische Strömung der Reformation überlebte. Sie ist mit dem Namen des tschechischen Bauernphilosophen Peter Chelčicky (1390–1460) verbunden. Der Reformator verwarf jede Gewalt, sowohl die Macht des Staates als auch die der Rebellen. Krieg und Todesstrafe waren ihm ein Greuel. Grundfehler der

Kirche sei der mit Konstantin eingegangene Bund gewesen, der Verrat des Glaubens an die Macht. Ein Christ solle das Böse geduldig ertragen, aber nie ausüben, auch nicht als Richter oder Beamter. Er könne auch nicht als Kaufmann tätig sein, da er dann vom Schaden der Armen profitiere. Adel, Klöster und Orden, einschließlich der Bettelorden, wurden von ihm verworfen, da ihre Mönche ihr Brot nicht im Schweiß ihres Angesichts erarbeiteten.

Aus diesen Wurzeln erwuchsen die »Böhmischen Brüder«, die noch heute Obrigkeit und Priesterschaft ablehnen. Nur die Ältesten verdienten Autorität. Die Forderung der tätigen Frömmigkeit des Gläubigen schloß die Befähigung jedes Gläubigen zum Lesen der Bibel ein. Die Volksbildung auch in Deutschland wurzelt in dieser von den Pietisten übernommenen Forderung und Praxis.

Zu ähnlichen Schlußfolgerungen gelangten die »Wiedertäufer« Oberdeutschlands, die gleichfalls aus der Wurzel des »freien Geistes« hervorgingen. Sie verlangten, daß die Taufe eine bewußt erlebte Handlung der Gläubigen sei und nicht nur dem unbewußten Säugling übergestülpt werde. Diese Einstellung gab dem Einzelnen ebenfalls die Verantwortung und bedurfte nicht des Klerus. Widerstandslos wie die Böhmen gingen die Wiedertäufer in den Tod oder in die Emigration, bis sich schließlich in Münster eine radikale Strömung unter ihnen durchsetzte und das Gottesreich der Gleichen mit Waffengewalt verwirklichen wollte. Die »Wiedertäufer« von Münster starben im Juni 1535 durch das Schwert, den Scheiterhaufen oder den Strick.

Zehn Jahre zuvor, am 27. Mai 1525, hatte mit der Hinrichtung Thomas Müntzers wohl der bedeutendste Joachimit Deutschlands den Tod gefunden. Müntzer bekannte sich offen zu Joachim di Fiore: »Ihr sollt auch wissen, daß sie diese Lehre (die Heraufkunft einer neuen Kirche. Anm. d. Verf.) dem Abt Joachim zuschreiben, und heißen sie ein ewiges Evangelium mit großem Spotte. Bei mir ist das Zeugnis Abbatis Joachim groß.«[33]

Er verachtete die Wortgläubigkeit seines beredten Gegners in Wittenberg, Martin Luther. Zwei völlig unterschiedliche Auffassungen über das Christentum trafen hier aufeinander – die

---
33 Büttner und Werner, 1959, S. 313

»fundamentalistische« Luthers, die absolute Gläubigkeit an das geschriebene Wort, der Müntzer die direkte Gottesbeseeltheit des Gläubigen ganz im Sinne Joachim di Fiores entgegenstellte: »Ob du auch schon die Biblin gefressen hättest, hilft dir nichts, du mußt die scharfe Pflugschar leiden, hast du doch keinen Glauben. Gott gebe ihn dir selber und lehre dich denn selber...«[34].

Gott müsse unmittelbar reden, meinte Müntzer, dann könne die neue Kirche kommen, durch den Geist Elias – den Müntzer zu verkünden glaubte –, um dem Volk endlich wieder eine Hoffnung zu geben. Da er sich als Diener des Volkes fühlte, war er auch der erste, der einen deutschen Gottesdienst einrichtete.

Nur im Leiden bewährte sich nach seiner Ansicht der Mensch als echter Nachfolger Christi. Er erlebte im Volk das Elend und erfuhr selbst das Leiden, das ihn zur Lebensmystik geführt hatte. »Nur in der Armut des Geistes könne das Regiment Gottes aufgerichtet werden.«[35] Gott sei in jedem Menschen selbst.

Das erlebte Leiden führte auch zu seiner revolutionären Praxis, ließ ihn zum Rebellen in Christo werden. Das wahre Evangelium sei für die Enterbten der Gesellschaft verkündet, wie er es im Evangelium las. Er war überzeugt, daß die Zeit der Fürsten zu Ende gehe. So schrieb er an Albrecht von Mansfeld: »Meinst du, daß Gott nicht mehr an seinem Volk denn an euch Tyrannen gelegen?«[36] Er atmete den Geist der Taboriten, wenn er erklärte, er wolle »... keinen Menschen auf dieser Erde verschonen, der dem Wort Gottes widersteht.«[37] Die Kleriker, die Fürsten und Reichen, waren ihm die Gottlosen, und er nannte sich selbst den »Zerstörer der Ungläubigen«, dem Gott das »Schwert Gideons« anvertraut habe. »Ich sage mit Christo, daß man die gottlosen Regenten, sonderlich Pfaffen und Mönche töten soll«[38].

Die Geschichte des Aufstandes der Thüringer Bauern und Städter muß hier nicht erzählt werden. Der Untergang der Rebellen vor Frankenhausen war das Ende des Bauernkrieges. Müntzer wurde

---

34 Büttner und Werner, 1959, S. 314
35 Büttner und Werner, 1959, S. 314
36 Büttner und Werner, 1959, S. 315
37 Büttner und Werner, 1959, S. 316
38 Adler, 1899, S. 120

grausam gefoltert, und seine letzte Ermahnung galt den Fürsten, »... sie möchten den armen Leuten nicht also hart sein«[39]. Luther hatte über seine Gegner gesiegt. »Der Müntzer ist tot, aber sein Geist ist noch nicht ausgerottet«[40], beklagte sich der Prediger, und hierin sollte er recht behalten. In Luthers Geiste verwarf die »Augsburger Konfession« (Art. 17) die schwärmerische Hoffnung auf ein weltliches Reich der Frommen als Ketzerei.

4. Der Chiliasmus auf dem Weg in die Philosophie

Die drei Grundformen der Reformation waren mit Hus, Müntzer und Chelčicky ausgebildet: die Reform durch das Wort, die gewaltsame Herbeiführung des Gottesreiches auf Erden und der Verzicht auf den Kampf in selbstgenügsamer Tätigkeit. Ihr Erbe durchzog die folgenden Jahrhunderte in Erwartung einer Heilszeit.

Der Niederländer David Joris (gest. 1556) schrieb in Basel, daß er als zweiter Christus das Dritte Reich vollkommener Gotteserkenntnis begründen werde.

Paracelsus (gest. 1554) glaubte, durch Bildung und Erziehung zu einer Generalreformation aller Weltelemente zu gelangen, aus der das Zeitalter des Geistes hervorgehen werde. Er gilt als Begründer einer »evangelischen Philosophie«, die Kirche und Staat ersetzen sollte. Er glaubte, direkt an Joachim di Fiore anzuknüpfen, war aber an eine vermutlich nach dem Baseler Konzil entstandene Fälschung geraten, an eine illustrierte Streitschrift, die unter dem Namen des Abtes publiziert wurde. Paracelsus wollte in seiner Generalreformation alle Menschen einen, sie im Geiste versöhnen.

Vergleichbar träumte Kaspar Schwenckfeld (gest. 1561) von dem spirituell-geistigen Volk des unsichtbaren Christusreiches, und Valentin Weigel hoffte auf das »Dritte, das goldene tausendjährige Reich«, vor dem alle Reiche und Stände versänken.

Einen anderen Weg wählten die Utopisten, die in den für Europa neu entdeckten Ländern im Westen und Osten das ideale »Nirgendland«, Utopia, oder den »Sonnenstaat« gefunden haben woll-

---
39 Büttner und Werner, 1959, S. 318
40 Büttner und Werner, 1959, S. 318–319

ten, so Thomas Morus (1478–1535), Tommaso Campanella (1568 bis 1639) oder Francis Bacon (1561–1626) und Johann Valentin Andreä (gest. 1654), die alle eine Generalreformation anstrebten, ohne jedoch immer die Begründungen dafür in der Bibel zu suchen. Sie werteten die menschliche Vernunft auf und hofften, in ihr die Kraft zu finden, die die Welt rational und menschlich einrichten werde.

So forderte Andreä in seiner »Christianopolis« die Vereinigung aller Gelehrten Europas in einer Bruderschaft, verbunden durch Christentum, platonische Philosophie und Naturwissenschaften. Er erfand dazu die Legende von dem geheimen Orden der »Rosenkreuzer«, der alle Geheimwissenschaften in sich vereine und versuchte, mit der Gründung einer *societas christiana*, zu der u. a. der Vater des Akademiegründers Leibniz gehörte, seine Vorstellungen zu verwirklichen.

Jan Amos Komensky – Comenius – (1592–1670), der Bischof der »Böhmischen Brüder«, begründete die tschechische Volksbildung, nach der auch die Volksschule der Deutschen entstand. Comenius entwarf den Plan eines *Collegium lucis*, das Urbild einer Akademie. Ihm folgte Gottfried Wilhelm Leibniz (1446–1716), der die Berliner Akademie zum Zweck einer Weltreform gründete, die selbst Chinesen einbeziehen sollte.

Parallel zu dieser Verwissenschaftlichung der Hoffnung auf ein Reich des Geistes auf Erden lief die Entwicklung der Theosophie; markant dafür ist das Wirken Jakob Böhmes, der an Paracelsus anknüpfte. Er und seine Schüler waren angesichts des tobenden Dreißigjährigen Krieges glühende Chiliasten und meinten, das unsagbare Elend könne nur das Ende der Welt ankündigen. Das Kommen des Heilands war der ihnen verbleibende Trost.

Das Kriegsende von 1648 brachte nur die erneuerte Gewalt der Kirchen, wobei Katholiken und Lutheraner in ihrer Unterdrückung des freien Geistes miteinander konkurrierten.

Zur Heimat des Chiliasmus wurde Holland, das nach dem Sieg über das streng katholische Spanien zum Zufluchtsort aller Sucher und Freidenker wurde. 1612 verkündete Episcopus die Morgenröte der Toleranz, das Kommen eines »Dritten Reiches« der Wahrheit und des Friedens. Der aus Bremen zugewanderte Theologe Johannes Koch – Cocejus – (gest. 1609) lehrte im Anschluß an Joachim di Fiore ein vergeistigtes Gottesreich. Seine »Bundestheologie« betrachtete wie die Ideen des Comenius die biblischen Berichte über die wiederholten Abschlüsse eines Bundes zwischen Gott und den Menschen als eine geplante Erziehung der Menschen in Stufen zur Vollkommenheit. Seiner Ansicht nach sei das Erste Reich vom Naturrecht bestimmt gewesen, in dem der Geist Sitz des Gottesreiches gewesen sei. Das Zweite Reich habe die Wiederherstellung des durch Haß und Sünde verlorengegangenen Gottesreiches gebracht, und das Dritte Reich bringe den Frieden, die Freiheit und den vollkommen Gehorsam gegenüber Gott. Dieses Dritte Reich galt ihm als Reich Jesu allein, d. h. ohne Könige und Bischöfe. Er übernahm auch die Siebenerzahl der Weltgliederung, in der der dreißigjährige Krieg die sechste Zeit, die letzte Prüfung, sei. Die siebente Phase bringe die Verkündigung des *evangelium aeternum*.

Es wirkt wie eine Reaktion auf die Umwandlung der Geschichtsphilosophie, daß neue Chiliasten auftraten. Johann Fox, John Napier und Joseph Mede sagten den nahen Weltuntergang voraus: Fox für 1594, Napier für 1688 und Mede für 1649.

Die Jesuiten deuteten die Apokalypse Johanni seit Ribeira wissenschaftlich, während die Calvinisten und Pietisten dem Cocejus folgten. P. J. Spener schrieb 1693 die »Behauptung der Hoffnung künftiger besser Zeiten«, und H. Francke trug den Chiliasmus in den halleschen Pietismus, der seitdem zum preußischen Staatskult gehörte. Damit brach die Hoffnung auf eine bessere Welt auf Erden auch in das Luthertum ein und brachte, wenn schon keine Besserung der Gesellschaft, so doch die allgemeine Volksschule nach Preußen.

Parallel dazu verlief der Aufstieg der Aufklärung, die Glauben und Vernunft zu versöhnen trachtete und im Kern gleichfalls joachimitische Fortschrittsgläubigkeit gewesen ist. Bei aller Idealisierung der Vernunft und ihrer Rolle im Staat blieb sie religiös und Joachim di Fiore verbunden, so wenig sein Name in dieser Zeit auch erwähnt wird. Deutlich wird diese neue Phase des Vertrauens in eine bessere Zukunft in der Gestalt des Humanisten Gotthold Ephraim Lessing.

In zwei seiner Spätschriften entwickelte der Anhänger Spinozas eine dreistufige Weltgeschichte, als deren Grundgesetz er die kontinuierliche moralische Vervollkommnung der Menschheit ansah.

Es handelt sich um die Werke »Die Erziehung der Menschheit« und die »Gespräche für Freimaurer« (1780), nach denen alle Offenbarungen der moralischen Erziehung der Menschheit dienen. Die erste Offenbarung wandte sich an das noch unentwickelte Volk der Juden und mußte daher eine der »Kindheit« entsprechende Erziehung bringen, d. h. durch unmittelbaren Lohn und Strafen wirken. Dann sei ein Teil der Menschheit so weit in der Ausbildung der Vernunft fortgeschritten gewesen, daß er höherer moralischer Begriffe für sein Handeln bedurfte. Als neuer Pädagoge sei Jesus erschienen, habe dem Menschen sein »Kinderbuch« entrissen und die innere Reinheit des Herzens als Voraussetzung für ein reines Leben im Jenseits gelehrt. Damit sei die Menschheit in ihr Jünglingsstadium eingetreten. Nun aber seien die Bücher des neuen Bundes offenbar erschöpft und die Zeit des neuen ewigen Evangeliums angebrochen, das die wahre Reinheit des Herzens hervorbringen werde, die die Tugend um ihrer selbst willen lieben lasse. Diese Zeit der Vollendung müsse kommen, da der Mensch immer überzeugter durch seinen Verstand eine bessere Zukunft erfasse, die keiner Beweggründe außer sich selbst bedürfe.

Lessing schrieb angesichts der Kriege und des Elends seiner Zeit: »Oder soll das menschliche Geschlecht auf diese höchste Stufe der Aufklärung und Reinheit nie kommen? Nie? ... Nein, sie wird kommen, sie wird gewiß kommen, die Zeit der Vollendung, da der Mensch, je überzeugter sein Verstand gleichwohl Bewegungsgründe zu seinen Handlungen zu erborgen nicht nötig haben wird, da er das Gute tun wird, weil es das Gute ist, nicht weil willkürliche Belohnungen darauf gesetzt sind. Sie wird gewiß kommen, die Zeit eines neuen ewigen Evangeliums, die uns selbst in den Elementarbüchern des neuen Bundes versprochen wird. Vielleicht, daß selbst gewisse Schwärmer des 13. und 14. Jahrhunderts einen Strahl dieses neuen ewigen Evangeliums aufgefangen hatten und nur darin irrten, daß sie den Anbruch desselben so nahe verkündigten. Vielleicht war ihr dreifaches Alter der Welt keine so leere Grille und gewiß hatten sie keine schlimmen Absichten, wenn sie lehrten, daß der neue Bund ebenso wohl antiquiert werden müsse, als es der alte geworden. Es blieb auch bei ihnen immer die nämliche Ökonomie des nämlichen Gottes, immer sie meine Sprache sprechen zu lassen der nämliche Plan der allgemeinen Erziehung des Menschengeschlechts. Nur daß sie ihn übereilten,... nur daß sie ihre kindlichen Zeitgenossen mit eins zu Männern machen zu können glaubten, die ihres dritten Zeitalters würdig wären. Und eben das machte sie zu Schwärmern. Der Schwärmer tut oft sehr richtige Blicke in die Zukunft, aber er kann diese Zukunft nicht erwarten«[41].

Lessing nannte Joachim di Fiore nicht mit Namen, ging aber offenbar auf ihn zurück, als er von dem »dreifachen Alter der Welt« schrieb. Er hatte den preußischen Staat und seine Lobredner so unmittelbar erlebt, daß er zu dem Schluß kam, der Staat sei das Mittel zur Trennung der Menschen voneinander, ihre Teilung in Stände, Religionen usw. Er stellte die Frage, »wieviel Übles in dieser Verschiedenheit der Stände seinen Grund nicht hat?«[42] Der Weg aus diesem Elend sei die Vernichtung des Staates, denn Ordnung könne auch ohne Regierung bestehen, wenn jeder Einzelne sich selbst zu regieren wisse. Er betrachtete die Anarchie als den kommenden Idealzustand.

Sein Freund F. H. Jacobi berichtete 1781: »Er sah das Lächerliche und Unseligmachende aller moralischen und politischen Maschinerien auf das Lebhafteste ein. In einer Unterredung kam er einmal so sehr in Eifer, daß er behauptete, die bürgerliche Gesellschaft müsse noch ganz aufgehoben werden, und so toll dieses klingt, so nah ist es dennoch der Wahrheit. Die Menschen werden erst dann gut regiert werden, wenn sie keiner Regierung mehr bedürfen!«[43]

Lessing war trotzdem so wenig Revolutionär wie Joachim di Fiore. Er vertraute auf die innere Umwandlung des Menschen nach dem Johannes-Evangelium. Die innere Umwandlung sollte ein Bund der Edelsten und Weisesten aller Völker, Religionsgemeinschaften und Stände bewirken, ein idealisierter Freimaurerbund, ein Glaube, in den er sich flüchtete, wenn ihn die Schwermut angesichts der ihn umgebenden Realität überfiel, die ihn schließlich an der Vorsehung und dem ersehnten Sieg der Tugend verzweifeln ließ.

---

41 Lessing, Erziehung des Menschengeschlechts. n. Dempf, 1931–32, S. 164
42 Adler, 1899, S. 263
43 Adler, 1899, S. 263

VI. Die Revolution der »Enkel« Joachim di Fiores. Der Weg in das Reich der Tugend?

1. Die aufgeklärten Chiliasten

Während die Deutschen das Elend des 18. Jahrhunderts nur in den Träumen der Dichter erlebten, in den Hoffnungen eines Lessing auf eine humane Gesellschaft, suchten Briten und Franzosen die neue Welt mit den Waffen in der Hand zu erstreiten. Noch ganz in den Worten der Bibel predigte John Milton vom »verlorenen Paradies«, dem Untergang der Revolution für die Freiheit und Gleichheit, während sich die Aufklärung in Frankreich in dem Kampf gegen den Absolutismus zur wissenschaftlichen und doch so leidenschaftlichen Polemik gegen die Königsmacht und die soziale Ungerechtigkeit aufraffte. Sie war in fast so viele Parteien zersplittert, wie sie Persönlichkeiten aufwies. Von weitreichendem Einfluß sollte der Schweizer Jean Jacques Rousseau werden, der in seinem »Discours sur l'égalité« zu der Feststellung gelangte: »Der erste, der ein Stück Land eingezäunt hatte und es sich einfallen ließ zu sagen: dies ist mein, und der Leute fand, die einfältig genug waren, dem zu glauben, war der wahre Gründer der bürgerlichen Gesellschaft. Wie viele Verbrechen, Kriege, Morde, wie viel Not und Elend und wie viele Schrecken hätte derjenige dem Menschengeschlecht erspart, der die Pfähle herausgerissen oder den Graben zugeschüttet und seinen Mitmenschen zugerufen hätte: ›Hütet euch, auf diesen Betrüger zu hören; ihr seid verloren, wenn ihr vergeßt, daß die Früchte allen gehören und die Erde niemandem‹.«[44]

---

44 Rousseau, 1984, S. 173

Aber er verfiel nicht auf ein Idealbild, wie die Welt aussehen könnte, sondern hatte mit der Kritik genug zu tun. Er suchte das Entstehen der Unterdrückung zu erklären und war nicht zu sonderlicher Hochschätzung seiner Mitmenschen gelangt, die sich von dem Gründer des Staates hätten bereden lassen: »Alle liefen auf ihre Ketten zu, im Glauben, ihre Freiheit zu sichern; denn sie hatten zwar genügend Vernunft, um die Vorteile einer politischen Einrichtung zu ahnen, aber nicht genügend Erfahrung, um deren Gefahren vorherzusehen; die, die am meisten dazu imstande waren, die Mißbräuche vorauszuahnen, waren präzise jene, die darauf zählten, von ihnen zu profitieren; und selbst die Weisen sahen, daß es notwendig war, sich dazu zu entschließen, einen Teil ihrer Freiheit zur Erhaltung des anderen zu opfern, so wie ein Verwundeter sich den Arm abnehmen läßt, um den übrigen Körper zu retten.

Dies war, oder muß der Ursprung der Gesellschaft und der Gesetze gewesen sein, die dem Schwachen neue Fesseln und dem Reichen neue Kräfte gaben, die natürliche Freiheit unwiederbringlich zerstörten, das Gesetz des Eigentums und der Ungleichheit für immer fixierten, aus einer geschickten Usurpation ein unwiderrufliches Recht machten und um des Profites einiger Ehrgeiziger willen fortan das ganze Menschengeschlecht der Arbeit, der Knechtschaft und dem Elend unterwarfen.«[45]

Rousseau zweifelte an der Realisierbarkeit der Demokratie zumindest in großen Staaten und schrieb: »Gäbe es ein Volk von Göttern, würde es sich demokratisch regieren.« Aber »... eine so vollkommene Regierung paßt für die Menschen nicht.«[46] Aus der Unterdrückung erwachse der Despotismus, unter dessen Herrschaft Rousseau auch den Tyrannenmord bejahte: »Der Aufruhr, der mit der Erdrosselung eines Sultans endet, ist ein ebenso rechtlicher Akt wie jene, durch die er am Tag zuvor über das Leben und die Güter seiner Untertanen verfügte. Die Gewalt allein hielt ihn, die Gewalt allein stürzt ihn ...«[47]

Er trat für die Errichtung der Demokratie ein, ohne in Illusionen

---

45 Rousseau, 1984, S. 217, 219
46 Rousseau, 1984, S. 263
47 Rousseau, 1984, S 263

zu verfallen. An den Philosophen d'Alembert schrieb er u. a.: »In einer Monarchie kann der Überfluß eines Privatmannes ihn niemals über den Fürsten erheben; aber in einer Republik kann er ihn leicht über die Gesetze erheben. Dann hat die Regierung keine Gewalt mehr, und der Reiche ist immer der wirkliche Herrscher«[48]. Er war zu sehr Realist, um eine Utopie zu verfassen, wirkte jedoch auf spätere Utopisten und Revolutionäre und führte u. a. in seinem »Emile« den Begriff der Bourgeoisie in die Literatur ein.

Rousseaus Lehren klangen in den Reden in der Nationalversammlung nach, die die Revolution begleiteten, den Sturz des Königs und die Ausrufung der Republik. Die »Erklärung der Menschenrechte« vom 26. August 1789 gipfelte in der Proklamation der »Freiheit, Gleichheit und Brüderlichkeit«, die wie die Verkündung des neuen Tausendjährigen Reiches klangen. Im Kampf der Parteien und Strömungen tauchten mit Robespierre Gestalten auf, die die Tugend mit Gewalt durchsetzen wollten, zugleich aber jene auf die Guillotine schickten, die, wie die Heberisten, den Taboriten folgend die soziale Gleichheit auf Erden verwirklichen wollten (1794). Nach der Wende zur Restauration trat mit Babeuf noch einmal ein Mann auf, der die alten Ideale der Askese und der Gleichheit der Franziskanerspiritualen, der Anhänger Müntzers und der Hussiten zu verwirklichen trachtete. In seiner »Erklärung der Lehre Babeufs«, die der Italiener Buonarroti nach Babeufs Hinrichtung veröffentlichte, heißt es im Geiste Rousseaus:

»Artikel 1: Die Natur hat jedem Menschen ein gleiches Recht auf den Genuß aller Güter gegeben...

1. Vor ihren ersten Annäherungen waren alle Menschen gleichermaßen Herren der Erzeugnisse, die die Natur im Überfluß unter sie verbreitete.

2. Sowie sich die Menschen auf einem unbebauten Land einander genähert hätten, was konnte die Ungleichheit des Rechts unter ihnen hervorrufen?«[49]

Kein Wort erwähnt die religiösen Wurzeln dieser Anschauung – ein Grundzug, der den Hauptschriften des »Chiliasmus« des 19. Jahrhunderts eigen bleiben sollte. Sie nannten es Fortschritt,

---
48 Rousseau, 1984, S. 22. Anm. 1
49 Buonarotti, 1909, S. 307

und doch schimmert in ihren Gedankensystemen das Erbe Joachim di Fiores immer wieder auch durch die längsten Phrasen hindurch.

War Lessing ein Vorkämpfer der Aufklärung, so trat Novalis (1702–1801) für ein Drittes Reich des Geistes ein, das die Wiederherstellung des Mittelalters sein werde, die Zeit der von Gott garantierten Ordnung voller Autorität des Papstes und des Kaisers. Für ihn bestand die Frage »Die Christenheit oder Europa« (1799) in der als Fehlweg gesehenen Reformation, die zur Aufklärung und zur blutigen Revolution geführt hätte. Die Verweltlichung Europas sei die Zerstörung des Gottesreiches, der goldenen Zeit, die auch das Vorbild der Restauration war. Er träumte von dem Parakleten und schrieb:

>»Du wirst das letzte Reich verkünden,
>das tausend Jahre soll bestehn;
>Wirst überschwenglich Wesen finden
>und Jakob Böhm wiedersehn.«[50]

2. Die Enkel Joachim di Fiores in der deutschen klassischen Philosophie

Schellings »System des transzendentalen Idealismus« (1800) endet mit dem echt joachimitischen Bekenntnis: »Wir können drei Perioden jener Offenbarung, also auch drei Perioden der Geschichte annehmen. Den Einteilungsgrund dazu geben uns die beiden Gegensätze Schicksal und Vorsehung, zwischen welchen in der Mitte die Natur steht, welche den Übergang von dem einen zum anderen macht.

Die erste Periode ist die, in welcher das Herrschende nur noch als Schicksal, d. h. als völlig blinde Macht, kalt und bewußtlos auch das Größte und Herrlichste zerstört; in diese Periode der Geschichte, welche wir die tragische nennen können, gehört der Untergang des Glanzes und der Wunder der alten Welt, der Sturz jener großen Reiche, von denen kaum das Gedächtnis übrig geblieben, und auf deren Größe wir nur aus ihren Ruinen schließen, der Untergang

---

50 Büttner und Werner, 1959, S. 348

der edelsten Menschheit, die je geblüht hat, und deren Wiederkehr auf die Erde nur ein ewiger Wunsch ist.

Die zweite Periode der Geschichte ist die, in welcher, was in der ersten als Schicksal, d. h. als völlig blinde Macht, erschien, als Natur sich offenbart, und das dunkle Gesetz, das in jener herrschend war, wenigstens in ein offenes Naturgesetz verwandelt erscheint, das die Freiheit und die ungezügeltste Willkür zwingt, einem Naturplan zu dienen, und so allmählich wenigstens eine mechanische Gesetzmäßigkeit in der Geschichte herbeiführt. Diese Periode scheint von der Ausbreitung der großen römischen Republik zu beginnen, von welcher an die ausgelassenste Willkür in allgemeiner Eroberungs- und Unterjochungssucht sich äußert, indem sie zuerst allgemein die Völker untereinander verband, und was bis jetzt von Sitten und Gesetzen, Künsten und Wissenschaften nur abgesondert unter einzelnen Völkern bewahrt wurde, in wechselseitige Berührung brachte, bewußtlos, und selbst wider ihren Willen, einem Naturplan zu dienen gezwungen wurde, der in seiner vollständigen Entwicklung den allgemeinen Völkerbund und den universellen Staat herbeiführen muß. Alle Begebenheiten, die in diese Periode fallen, sind daher auch als bloße Naturfolge anzusehen, so wie selbst der Untergang des römischen Reiches weder eine tragische noch moralische Seite hat, sondern nach Naturgesetzen notwendig, und eigentlich nur ein an die Natur entrichteter Tribut war.

Die dritte Periode der Geschichte wird die sein, wo das, was in den früheren als Schicksal und als Natur erschien, sich als Vorsehung entwickeln und offenbar werden wird, daß selbst das, was bloßes Werk des Schicksals oder der Natur zu sein schien, schon der Anfang einer auf unvollkommene Weise sich offenbarenden Vorsehung war.

Wann diese Periode beginnen werde, wissen wir nicht zu sagen. Aber wenn diese Periode sein wird, dann wird auch Gott sein.«[51]

So offen und unmittelbar betritt der alte Abt das 19. Jahrhundert und demonstriert seinen Einfluß auf die klassische deutsche Philosophie, daß die Allgegenwart seiner Religiosität und seiner Hoffnung auf ein Drittes Reich, das Reich des Geistes, nicht mehr ver-

---

51 Schelling, 1925, S. 249–251

wundert. Der Webersohn Fichte war viel zu sehr mit dem armen Volk verbunden, als daß er sich mit dem Glauben eines Kant an den aufgeklärten Monarchen, der das Reich der Vernunft bringen werde, getröstet hätte. Er zog es vor, den Entwurf eines kommunistischen »geschlossenen Handelsstaates« zu verfassen, der leider weitgehend unbekannt geblieben ist.

Zur herrschenden Figur des neuen Joachimitismus wurde Georg Friedrich Wilhelm Hegel; eine Tatsache, auf die u. a. Jakob Taubes in seinem Abschnitt »Joachimitische Propheten und Hegelsche Philosophie«[52] verwies. Allerdings unterschieden sich Lebenswerke und Ziele der beiden Denker himmelweit voneinander. Joachim di Fiore zog sich, seiner Überzeugung folgend, aus der Welt zurück und lebte in strenger Askese seiner Erlösungshoffnung für die kommende Welt. Hegel hingegen wandelte sich aus einem Enthusiasten für die französische Revolution zu einem hochdotierten preußischen Staatsbeamten. Während sich der demütige Abt für den Künder des kommenden Heilands hielt, sah sich der deutsche Philosophieprofessor als Verkünder des in ihm selbst zum vollen Bewußtsein gekommenen Weltgeistes – Gottes – schlechthin. Glaubte der eine als treuer Katholik am Ende des Zweiten Reiches zu stehen, betrachtete sich der andere als den Vollender der lutherischen Reformation, als er schrieb: »Die einfache Lehre Luthers ist die Lehre der Freiheit ... der Prozeß des Heils geht nur im Herzen und im Geist vor sich. In dieser Lehre werden so alle Äußerlichkeiten, die mannigfaltigen Formen und Zweige der Knechtschaft des Geistes abgetan... Indem das Individuum nun weiß, daß es mit dem göttlichen Geist erfüllt ist, so fallen damit alle Verhältnisse der Äußerlichkeit weg. Es gibt jetzt keinen Unterschied mehr zwischen Priester und Laien, es ist nicht eine Klasse ausschließlich im Besitz des Inhalts der Wahrheit aller geistigen und zeitlichen Schätze der Kirche: sondern es ist das Herz, das innerste Bewußtsein, Gewissen, die empfindende Geistigkeit des Menschen, was zum Bewußtsein der Wahrheit kommen kann und kommen soll, und diese Subjektivität ist die aller Menschen ... Das Mittelalter war das Reich des Sohnes. Im Sohne ist Gott noch nicht vollendet, sondern erst im Geiste; denn als Sohn hat er sich außer sich gesetzt, und ist also ein

---

52 Taubes, 1947, S. 95–96

Anderssein da, das erst im Geiste, in der Rückkehr Gottes zu sich selbst, muß aufgehoben werden. Wie das Verhältnis des Sohnes ein äußerliches an sich hat, so galt auch im Mittelalter die Äußerlichkeit. Mit der Reformation aber beginnt nun das Reich des Geistes, wo Gott als Geist wirklich erkannt wird. Hiemit ist das neue, das letzte Panier aufgetan, um das die Völker sich sammeln, die Fahne des freien Geistes, der bei sich selbst, und zwar in der Wahrheit ist, und nur in ihr bei sich selbst ist. Dies ist die Fahne, unter der wir dienen und die wir tragen. Die Zeit von da bis zu uns hat kein anderes Werk zu tun gehabt und zu tun, als dieses Prinzip in die Welt hinein zu bilden, aber so, daß dies noch die Form der Freiheit, Allgemeinheit gewinnen mußte.«[53]

Hegel nennt zwar den Abt Joachim die Fiore nicht; das hindert ihn jedoch nicht, seine Form der Dialektik in drei Stufen zu übernehmen und bis zum Überdruß zu wiederholen. Er begann wie viele junge Leute seiner Zeit als Sympathisant der französischen Revolution. In seiner Tübinger Zeit (1788–1793) schwärmte er mit Schelling und Hölderlin von der Erhebung der Franzosen und sagte in Bern die »Revolution in Deutschland«[54] voraus. Die Philosophie sollte im Zeichen der Zeit den Nimbus von den »Häuptern der Unterdrücker und Götter der Erde« verschwinden lassen. Doch bald erschreckte ihn die Realität der Guillotine, und fortan trat er nur noch in der Philosophie für die Freiheit ein, deren Grad der Verwirklichung für ihn in mehreren Schritten die Stufen der Weltgeschichte unterscheidet. In der Einleitung zur »Philosophie der Geschichte« heißt es u. a., »daß die erste Stufe als die unmittelbare innerhalb des vorhin schon herausgehobenen Versenktseins des Geistes in die Natürlichkeit fällt, in welcher er nur in unfreier Einzelheit ist (Einer ist frei). Die zweite aber ist das Heraustreten desselben in das Bewußtsein seiner Freiheit. Dies erste Losreißen ist aber unvollkommen und partiell (Einige sind frei), indem es von der unmittelbaren Natürlichkeit herkommt, hiemit auf sie bezogen und mit ihr, als einem Momente, noch behaftet ist. Die dritte Stufe ist die Erhebung aus dieser noch besonderen Freiheit in die reine Allgemeinheit derselben (der Mensch als Mensch ist

---
53 Taubes. 1947. S. 95–96
54 Ritter, 1957, S. 19

frei), in das Selbstbewußtsein und Selbstgefühl des Wesens der Geistigkeit.«[55]

Die Inkonsequenz seiner nichtsdestoweniger wiederbelebten Dreieinigkeit zeigt sich in den folgenden Passagen des gleichen Textes, in dem aus der Triade eine Tetrade wird:
›Das erste Zeitalter also, worin wir den Geist betrachten, ist mit dem Kindesgeist zu vergleichen. Da herrscht die sogenannte Einheit des Geistes mit der Natur, die wir in der orientalischen Welt finden. Dieser natürliche Geist ist der, welcher noch nicht frei ist, den Prozeß der Freiheit noch nicht bestanden hat. Auch in diesem Stande des Geistes haben wir Staaten, Künste, Anfänge der Wissenschaften; aber alle diese sind auf dem Boden der Natur. In dieser ersten patriarchalischen Welt ist das Geistige ein Substanzielles, an dem das Individuum nur als Akzidenz hinzukommt. Zu dem Willen des Einen gehören die anderen als Kinder, als Untergeordnete.

Das zweite Verhältnis des Geistes ist das der Trennung, der Reflexion des Geistes in sich, das Heraustreten aus dem bloßen Gehorsam und Zutrauen. Dieses Verhältnis spaltet sich in zwei. Das erste ist das Jünglingsalter des Geistes; es hat eine Freiheit für sich, aber diese ist noch mit der Substantialität verbunden. Die Freiheit ist noch nicht aus der Tiefe des Geistes wiedergeboren. Dieses ist die griechische Welt. Das andere Verhältnis ist das des Mannesalters des Geistes, wo das Individuum seine Zwecke für sich hat, aber diese nur erreicht im Dienste eines Allgemeinen, des Staates. Dieses ist die Römerwelt. Hier ist der Gegensatz der Persönlichkeit des Einzelnen und des Dienstes gegen das Allgemeine.

Viertens folgt dann das germanische Zeitalter, die christliche Welt. Wenn man auch hier den Geist mit dem Individuum vergleichen könnte, so würde dieses Zeitalter das Greisenalter des Geistes heißen müssen. Es ist das Eigentümliche des Greisenalters, daß es nur in der Erinnerung, der Vergangenheit, nicht in der Gegenwart lebt; und so ist hier der Vergleich unmöglich. Das Individuum gehört seiner Negativität nach dem Elemente an und vergeht. Der Geist aber kehrt zurück zu seinen Begriffen. Im christlichen Zeitalter ist der göttliche Geist in die Welt gekommen, hat in dem Individuum seinen Sitz genommen, das nun vollkommen frei ist,

---
55 Hegel, 1917, S. 136

substanzielle Freiheit in sich hat. Dies ist die Versöhnung des subjektiven Geistes mit dem objektiven. Der Geist ist mit seinem Begriffe versöhnt, vereint, in welchem er sich zur Subjektivität entzweit, sich dazu aus dem Naturzustande herausgeboren hatte.«[56] Diese Unlogik ist u. a. Gollwitzer aufgefallen, den Hegels Europabild interessierte. Er schrieb:»In Hegels universal-historischem Gebäude, dessen letztes und oberstes Stockwerk Europa zugedacht ist, wird die Weltgeschichte als Auslegung des Geistes in der Zeit betrachtet, wie die Idee als Natur sich im Raume auslegt; sie ist der ›Fortschritt im Bewußtsein der Freiheit, ein Fortschritt, den wir in seiner Notwendigkeit zu erkennen haben.‹ Den Ablauf der Universalgeschichte periodisiert Hegel dialektisch-metaphysisch in Zeitalter des an sich, für sich und an und für sich seienden Geistes, theologisierend in Reiche des Vaters, des Sohnes und des Geistes. Diese Schemata sind von einer Fülle konkreter Angaben gesättigt. So peinlich er bemüht ist, seinem Werk den Charakter einer Geschichtsphilosophie zu wahren, so gibt es wohl kaum geschichtsphilosophische Gesamtentwürfe, die mehr mit geschichtlichem Stoff durchtränkt sind als der Hegels. Sobald er an die nähere Ausführung seiner universalhistorischen Trilogie geht, wird eine Tetralogie daraus. Die alten quattuor monarchiae kehren, unter Beibehaltung der Vorstellung, daß die Weltgeschichte von Osten nach Westen verlaufe, verwandelt als orientalische Welt, griechisches, römisches und germanisches Reich wieder. Jedes dieser Reiche wird als Wegstrecke auf der Wanderschaft des Geistes zu sich selbst gekennzeichnet. Jedes als Träger solcher Reiche wahrhaft geschichtliche Volk ist in sich wiederum einer dreiepochalen Folge unterworfen, und namentlich das vierte weltgeschichtliche Zeitalter läßt in seinem Ablauf drei Abschnitte analog den drei vorhergehenden Epochen erkennen. Hegels Europabild darf unbedenklich mit seinem Begriff des germanischen Zeitalters identifiziert werden. Was im europäischen Geschichts- und Erdraum außerhalb der von den Germanen erfaßten Welt allenfalls noch vorgefallen sein mag, interessiert den Philosophen kaum, es ist in seinen Augen ›faule Existenz‹. Die Gleichsetzung der germanischen Epoche der Universalgeschichte mit dem Europa, das weltgeschichtliche Digni-

---

56 Hegel, 1917, S. 136–37

tät besitzt, ist nicht etwa erst nachträglich aus den Hegelschen Vorlesungen zu erschließen, vielmehr hat sie der Philosoph selbst ausdrücklich approbiert.«[57]

Diese heutigen Europaideologen so nahekommende Verherrlichung West- und Mitteleuropas formuliert Schulin wie folgt:»Der absolute Überlegenheitsanspruch des Europäers ist bei Hegel umfassend und in strenger Begründung da. Es ist für Hegel der Anspruch des neuzeitlichen Europäers gegen alle frühere Geschichte, aber er richtet sich, äußerlich gesehen, am auffallendsten gegen die noch gleichzeitig bestehenden Völker des Orients. Sie stehen samt ihrer ganzen Geschichte unter ihm, ja außer dem Mohammedanismus unterhalb der ganzen abendländischen Geschichte.«[58]

Die Konzeption Hegels, die zudem grundsätzlich rassistisch unterlegt ist, erinnert an gegenwärtige konservative Geisteshaltungen. Sie faßte das protestantische Europa als das Dritte Reich, das mit der Reformation Luthers begonnen habe und nun in Hegels Philosophie seiner selbst bewußt werde. Dieser »Weltgeist« war für Hegel stets der Christengott, und schon in seinen »Theologischen Jugendschriften« heißt es:»Die Verdrängung der heidnischen Religion durch die christliche ist eine von den wunderbaren Revolutionen, deren Ursachen aufzusuchen den denkenden Geschichtsforscher beschäftigen muß.«[59]

Man kann Hegel nicht bestreiten, daß er sich nicht nur auf die Glorifizierung des protestantischen Christentums durch seine vielbändige Interpretation der Geschichte beschränkt hat – die eher eine Geschichtstheologie im Sinne Joachim di Fiores denn eine Geschichtsphilosophie darstellt. Er befaßte sich ausführlich mit der politischen Lage in der Republik von Bern und den sozialen und politischen Problemen Englands, seinem Parlamentarismus, der amerikanischen Revolution oder dem preußischen Landrecht. Sein ausführlicher Kommentar zu Steuarts »Inquiry into the principles of political economy« (London 1767) zeigt seine Vertrautheit mit der englischen politischen Ökonomie, mit den Problemen

---

57 Gollwitzer, 1964, S. 212
58 Schulin, 1958, S. 139
59 Schulin, 1958, Nach: edit. Nohl, S. 220

der Arbeit, der Steuern und den neuen sich bildenden Klassenstrukturen. In Adam Smiths, Ricardos und den Werken anderer Verfasser erkannte er den Kern der bürgerlichen Gesellschaft und verband als erster Wissenschaftler Philosophie und Ökonomie. Er hatte durchaus den Begriff der durch »Abhängigkeit und Not an die Arbeit gebundenen Klasse«[60], bejahte das Recht der Kolonien auf schließliche Befreiung – und blieb doch der Überzeugung, daß das protestantische Jahrtausend vollkommen sei und die Weltgeschichte vollenden werde. »Die Weltgeschichte geht von Osten nach Westen; denn Europa ist schlechthin das Ende der Weltgeschichte, Asien der Anfang.«[61] Seine Geschichtsphilosophie blieb Theologie, wenn er beispielsweise in den »Grundlinien der Philosophie des Rechts« schreibt: »Die Weltgeschichte nach ihrem Endzweck haben wir zu betrachten; dieser Endzweck ist das, was in der Welt gewollt wird. Von Gott wissen wir, daß er das Vollkommenste ist; er kann also nur sich selbst wollen und was ihm gleich ist. Gott und die Natur seines Willens ist einerlei; diese nennen wir philosophisch die Idee.«[62]

Im gleichen Werk heißt es: »Die Weltgeschichte ist die Darstellung des göttlichen, absoluten Prozesses des Geistes in seinen höchsten Gestalten, dieses Stufenganges, wodurch er seine Wahrheit, das Selbstbewußtsein über sich erlangt. Die Gestaltungen dieser Stufen sind die welthistorischen Volksgeister, die Bestimmtheiten ihres sittlichen Lebens, ihrer Verfassung, ihrer Kunst, Religion und Wissenschaft. Diese Stufen zu realisieren, ist der unendliche Trieb des Weltgeistes, sein unwiderstehlicher Drang; denn diese Gliederung, sowie ihre Verwirklichung ist sein Begriff. Die Weltgeschichte zeigt nur, wie der Geist allmählich zum Bewußtsein und zum Wollen der Wahrheit kommt; es dämmert in ihm, er findet Hauptpunkte, am Ende gelangt er zum vollen Bewußtsein.«[63]

In seiner »Vernunft in der Geschichte« schreibt Hegel: »Den Glauben und Gedanken muß man zur Geschichte bringen, daß die

---

60 Ritter, 1957, S. 71
61 Schulin, 1958, S. 52–53
62 Hegel, 1917, S. 379
63 Hegel, 1917, S. 403

Welt des Wollens nicht dem Zufall anheimgegeben ist. Daß in den Begebenheiten der Völker ein letzter Zweck das Herrschende, daß Vernunft in der Weltgeschichte ist, nicht die Vernunft eines besonderen Subjekts, sondern die göttliche, absolute Vernunft, ist eine Wahrheit, die wir voraussetzen.«[64]

Hegel verstand sein Werk als Bekräftigung, ja Erneuerung der christlichen Religion und schrieb: »In der christlichen Religion hat Gott sich offenbart, d. h. er hat den Menschen zu erkennen gegeben, was er ist, so daß er nicht mehr ein Verschlossenes, Geheimes sei. Es ist mit dieser Möglichkeit, Gott zu erkennen, uns die Pflicht dazu auferlegt, und die Entwicklung des denkenden Geistes, welches aus dieser Grundlage, (aus) der Offenbarung des göttlichen Wesens, ausgegangen ist, muß dazu endlich gedeihen, das, was dem fühlenden und vorstellenden Geiste zunächst vorgelegt worden, auch mit dem Gedanken zu erfassen. Ob es an der Zeit ist zu erkennen, muß davon abhängen, ob das, was Endzweck der Welt ist, endlich auf allgemeingültige, bewußte Weise in die Wirklichkeit getreten ist. Nun ist das Ausgezeichnete der christlichen Religion, daß mit ihr diese Zeit gekommen ist; dies macht die absolute Epoche in der Weltgeschichte aus.«[65]

Hegel leitet den Triumph des christlichen Historikers und selbst die Revolutionen aus dem Triumph des christlichen Gottes ab und betont: »Die Christen sind also in die Mysterien Gottes eingeweiht, und so ist uns auch der Schlüssel zur Weltgeschichte gegeben. Hier gibt es eine bestimmte Erkenntnis der Vorsehung und ihres Plans. Im Christentum ist die Hauptlehre, daß die Vorsehung die Welt beherrscht hat und beherrscht, daß, was in der Welt geschieht, in der göttlichen Regierung bestimmt, dieser gemäß ist. Diese Lehre richtet sich gegen die Vorstellung des Zufalls wie der beschränkten Zwecke, z. B. der Erhaltung des jüdischen Volkes. Es ist der an und für sich seiende, ganz allgemeine Endzweck. In der Religion wird über diese allgemeine Vorstellung nicht hinausgegangen; sie bleibt bei der Allgemeinheit stehen. Aber dieser allgemeine Glaube ist es, aus dem man zunächst zur Philosophie und auch zur Philosophie der Weltgeschichte treten muß, der Glaube, daß die Weltgeschichte

---

64 Hegel, 1917, S. 5
65 Hegel, 1917, S. 22

ein Produkt der ewigen Vernunft ist und Vernunft ihre großen Revolutionen bestimmt hat.«[66]

Bei allem Stoff kehrt Hegel immer wieder zum Denken in Triaden zurück, ob in der Geschichte der Kunst oder der Religion oder der Weltgeschichte schlechthin. In der »Philosophie der Geschichte« schreibt er: »Von der Weltgeschichte kann nach dieser abstrakten Bestimmung gesagt werden, daß sie die Darstellung des Geistes sei, wie er zum Wissen dessen zu kommen sich erarbeitet, was er an sich ist. Die Orientalen wissen es nicht, daß der Geist oder der Mensch als solcher an sich frei ist. Weil sie es nicht wissen, sind sie es nicht. Sie wissen nur, daß Einer frei ist; aber ebendarum ist solche Freiheit nur Willkür, Wildheit, Dumpfheit der Leidenschaft oder auch eine Milde, Zahmheit derselben, die selbst nur ein Naturzufall oder eine Willkür ist. Dieser Eine ist darum nur ein Despot, nicht ein freier Mann, ein Mensch. In den Griechen ist erst das Bewußtsein der Freiheit aufgegangen, und darum sind sie frei gewesen; aber sie, wie auch die Römer, wußten nur, daß Einige frei sind, nicht der Mensch als solcher. Dies wußten Plato und Aristoteles nicht; darum haben die Griechen nicht nur Sklaven gehabt, und ist ihr Leben und der Bestand ihrer schönen Freiheit daran gebunden gewesen, sondern auch ihre Freiheit war selbst teils nur eine zufällige, unausgearbeitete, vergängliche und beschränkte Blume, teils zugleich eine harte Knechtschaft des Menschlichen, des Humanen. Erst die germanischen Nationen sind im Christentum zum Bewußtsein gekommen, daß der Mensch als Mensch frei ist, die Freiheit des Geistes seine eigenste Natur ausmacht.«[67]

Hegel verweist auf Lessing[68], schiebt aber die ihm fremde spinozistische Lehre von der Erziehbarkeit des Menschen beiseite. Die Entwicklung in der Geschichte besteht für ihn nicht in der moralischen Vervollkommnung der Menschheit, sondern in der Auslegung des Geistes (Gottes) in der Zeit. Sie war seiner Überzeugung nach abgeschlossen, die Hauptschwäche seines und der anderer Systeme. Sie erfüllen nicht die Versprechen, die Erlösung bleibt aus, nur die Probleme und Konflikte dauern fort.

---

66 Hegel, 1917, S. 22–23
67 Hegel, 1917, S. 39
68 Hegel, 1917, S. 130

VII. Die Spiritualen des an und für sich seienden Geistes

Jakob Taubes hat die Schüler Hegels mit den Spiritualen Joachim di Fiores verglichen. Die Franziskanerspiritualen hatten geglaubt, der *ordo spiritualis* ihres Lehrers zu sein. Die Linkshegelianer versuchten mit dem Hegelschen System, die Wirklichkeit zu verändern.

Feuerbach kam zum Materialismus und beschränkte das Christentum auf eine menschliche Morallehre, woraufhin er seine Dozentur für Erlangen verlor.

Ruge mußte seine Laufbahn in Halle abbrechen und diese bereits damals erzkonservative Hochschule verlassen. Er floh vor der Polizei nach Paris und wurde auch von dort vertrieben, da er für die demokratische Revolution in Deutschland schrieb. Er begab sich in die Schweiz und fand schließlich ein Exil in England.

Max Stirner, der Anarchist, lebte als Lehrer, wurde entlassen und mußte sich vom Milchhandel ernähren.

Bruno Bauer unterzog die Evangelien einer wissenschaftlichen Kritik, wurde deswegen von der Universität Berlin entlassen und verkam in einem selbstgebauten Holzverschlag in der Nähe der Stadt.

Kierkegaard verbrachte ein Leben im Elend in Dänemark, mit sich und der Welt zerfallen.

Der bedeutendste Linkshegelianer, Karl Marx, durfte sich in Bonn nicht habilitieren und wurde als Revolutionär von den Polizeiagenten von Land zu Land gejagt, bis das liberale England dem Verdammten eine Heimstatt bot.

Auch den Konservativen fiel es schwer, mit dem Erbe Hegels fertig zu werden. Die Gleichsetzung von Gott und Weltgeist war für den Orthodoxen Ketzerei, zumal Bruno Bauer den Gläubigen vorrechnete: »O, die Armen und Unglückseligen..., die es gern hörten, daß die Religion und Philosophie zusammenfallen, die Religion sei das Selbstbewußtsein des absoluten Geistes«.[69] In Wahrheit sei Hegels Erklärung der Religion ihre Zerstörung, denn die Vernunft lehre, daß man es stets nur mit sich selbst zu tun habe und daß es keinen persönlichen Gott gebe. Der Mensch habe seit 2000 Jahren sein Spiegelbild angebetet. Hatten Bauer und Feuerbach das Hegelsche Christentum radikal kritisiert, so enthüllten Ruge und Marx die Krise seiner Rechtsphilosophie.

Die Konsequenz des Linkshegelianismus war das Gegenteil dessen, was Hegel beabsichtigte, denn dieser sah in Preußen das Reich des Geistes verwirklicht, während die Linkshegelianer die Revolution auf Erden anstrebten. Sie waren weniger Spirituale als moderne Taboriten und bestritten die moralischen Grundlagen der bürgerlichen Gesellschaft, in der sie lebten. Kierkkegaard hielt in seiner »Literarischen Anmeldung« (1846) den Christen vor, daß sie nichts als eine Masse seien, in der niemand Christus ernst nehme.

Tiefe Wurzeln für die sich entwickelnden Anschauungen des frühen Sozialismus liegen in der Theosophie Frankreichs, einer mystischen Bewegung, die der Aristokratie der Revolutionszeit zum Trost und als Religionsersatz diente. Ihr Prophet war Saint-Martin, der Übersetzer der Schriften Böhmes, dessen Werk bis weit in die Restaurationszeit wirkte. Aus dem Kreis der Anhänger Saint-Martins in Lyon kam Charles Fourier. Er und auch Robert Owen träumten von einem Jahrtausend der Erneuerung. Auch Saint-Simon stand mit den Martinisten in Beziehung und faßte das Dritte Reich als die Überwindung der katholisch-feudalen Gesellschaft der Unfreiheit durch die protestantische Welt des Evangeliums der Arbeit, das dogmenfreie Christentum der Nächstenliebe und Brüderlichkeit verkünde – der Traum letzten Endes des Joachim di Fiore im Gewand des 19. Jahrhunderts.

Moses Heß trug die Idee des Dritten Reiches bis in den Kreis um Karl Marx. Er betrachtete Europa als den »auserwählten Weltteil, der unter Gottes besonderem Schutz steht.«[70] In mystischer Historien-

---

69 Taubes, 1947, S. 167
70 Gollwitzer, 1964, S. 217

malerei stellte der »wahre Sozialist« Europa als politischen Christus dar, mit der deutschen Reformation und der französischen Revolution als den zwei Auferstehungstagen. Diese Dritte Europäische Reich aus Deutschland, Frankreich und England sollte das Reich der Sittlichkeit und der Wahrheit bilden – ein fremdartiges Bild in der Zeit blutiger Expansionen Europas in Afrika und Asien, so sehr es auch an die Lobgesänge gegenwärtiger Politiker über das »Vereinte Europa« erinnert.

Aus diesem Umfeld von Hegel, Schelling, religiösen Sozialisten und despotischen Regierungen, noch von den Liedern der französischen Revolution berührt, wuchsen die Ideen Karl Marx' hervor. Auch sein späterer Freund Friedrich Engels hatte von Hause aus einen mystischen, fast asketischen Hintergrund. Er kam aus dem rheinischen Pietismus und war auf vielen Gebieten Autodidakt. Will man beider Weg, ihre Erfolge und ihr Scheitern verstehen, kann man sich nicht nur auf die Traditionen des kommenden Dritten Reiches beschränken, sondern muß in die Kämpfe ihrer Zeit eindringen.

VIII. Die Revolution als Negation des »Zweiten Reiches«. Wissenschaft oder atheistischer Chiliasmus?

1. Freiheit, Gleichheit, Brüderlichkeit

Die französische Revolution hatte unter der Losung »Freiheit – Gleichheit – Brüderlichkeit« das lang ersehnte Jahrtausend der Erlösung versprochen. Gekommen war eine Zeit, in der zwar die Standesvorurteile und Geburtsvorrechte abbröckelten, aber die Macht des Geldes die Illusionen der Volksmassen in neuem Elend erstickte. Die Anwendung der Gewalt in der Gesellschaft war 1789–1794 erprobt worden, und nicht nur die Reichen und Herrschenden bedienten sich des Säbels und der Muskete, wenn die Verhältnisse untragbar wurden.

Europa wurde im 19. Jahrhundert von einer Folge von Revolutionen erschüttert, die auch nicht den Osten aussparten. Die führende Rolle spielte dabei Frankreich, dessen revolutionäre Kämpfe bis in den Iran hin nachwirkten.

Die Revolutionäre gingen bis 1870 kaum über die Forderungen der »Großen Revolution« hinaus. Ihre Revolutionen dienten historisch gesehen nur der Vollendung jener Kämpfe von 1789–1794, der Durchsetzung der neuen – kapitalistischen – Ordnung auf der Basis der sich entwickelnden Großindustrie. Die Entwicklung zersetzte die alte, relativ überschaubare traditionelle Gesellschaft, die in die das Land Bebauenden und die das Land Besitzenden getrennt war. Ihre Verhältnisse waren offensichtlich und erkennbar. Der Kampfruf »Als Adam grub und Eva spann, wer war denn da der Edelmann?« traf damals den Kern der Gesellschaftsstruktur.

Anders wurde die Situation mit der aufkommenden kapitalistischen Ordnung, deren innere Verhältnisse überaus kompliziert und dem Beteiligten nur schwer durchschaubar waren. Der Erforschung dieser Strukturen wandten sich besonders englische Wissenschaftler wie Adam Smith (1723–1790) und David Ricardo (1772–1823) zu, die als nüchterne Repräsentanten des Bürgertums sich nicht mit dem Entwurf von Utopien abgaben. Erst im 19. Jahrhundert griff diese »politische Ökonomie« auch nach Frankreich und Deutschland über.

Die Arbeiter des Frühkapitalismus waren durch unmäßige Arbeitszeiten, unsägliches Elend und mangelnde Bildungsmöglichkeiten von einer Mitgestaltung der sich herausbildenden neuen Gesellschaft ausgeschlossen. Sie beteiligten sich als tragende Masse der Aufständischen an den Revolutionen von 1830 und 1848, erreichten aber primär nur das Sammeln von Erfahrungen im sozialen Kampf. Bereits 1831 und 1834 kam es auch zu ersten Aufständen der Arbeiter, beispielsweise in Lyon, die jedoch scheiterten. In tiefster Illegalität wirkten Geheimbünde, wie die »Carbonari« Buonarrotis, aus denen in Frankreich die »Gesellschaft der vier Jahreszeiten« des Louis Blanc und in Italien das »Junge Italien« G. Mazzinis hervorgingen. Letztere kämpften in erster Linie für die Einheit Italiens, Blanc hingegen war Sozialist. Seine konspirative Tätigkeit scheiterte, weshalb er zur Ausnutzung legaler Möglichkeiten überging.

1840 traten in Paris Arbeiter bei der Diskussion für eine Wahlrechtsreform erstmals für einen revolutionären Übergang zum Kommunismus ein. Mehrere Strömungen des utopischen Sozialismus wetteiferten in Frankreich miteinander. An den Saint-Simonismus schloß der christliche Sozialismus an, in deren Schrifttum seit 1832 das Wort »Sozialismus« immer häufiger benutzt wurde, so im »Globe« der Journalisten Leroux und Renaud.

Neben diesen Strömungen und den Utopien Cabets und Fouriers erwarb Louis Blanc (1811–1882) eine breite Anhängerschaft. Blanc wandte sich nach enttäuschenden Erfahrungen mit der Illegalität einem »Staatssozialismus« zu und versuchte, die französische Regierung für die Organisation der Arbeit zu gewinnen, um die soziale Anarchie der »freien« Konkurrenz zu steuern. Der Staat sollte zum »Bankier der Armen« werden und durch unentgeltliche

Kredite den Kauf von Produktionsmitteln ermöglichen. Als Voraussetzung dazu sah er die Erringung der politischen Macht durch das allgemeine Wahlrecht an.

Er verwarf den Klassenkampf und lebte in den Traditionen Rousseaus mit der Vorstellung von der allgemeinen Güte der menschlichen Natur. Er glaubte an die Vernunft sowohl der Kapitalisten wie der Arbeiter. Sein Credo hieß »Jeder soll nach seiner Fähigkeit und seinen Kräften produzieren, jeder nach seinen Bedürfnissen genießen.«[71] Sein Ziel war ein demokratischer Staat, der für alle Produktionszweige zentrale Genossenschaftsbetriebe gründen sollte. Die erhofften Gewinne sollten zu gleichen Teilen
1. als Zins an den Kapitalgeber »Staat« zurückfließen,
2. an die Arbeiter als Lohn gezahlt werden,
3. zur Finanzierung von Kranken-, Alters- und Unfallversicherungen verwandt werden und
4. als Reservefonds zur Finanzierung anderer Industrien dienen.

Die Februarrevolution von 1848 brachte ihn in die provisorische Regierung. Er wollte das Recht auf Arbeit verwirklichen und Nationalwerkstätten errichten, scheiterte aber an der bürgerlichen Mehrheit in der Nationalversammlung, die die Schließung der unrentablen Betriebe beschloß. Die Antwort darauf war der Januaraufstand der Pariser Arbeiter, der im Blut der Aufständischen ertränkt wurde. Louis Blanc floh nach England und kehrte erst in der 3. Republik (4. September 1870) nach Frankreich zurück. Er gehörte zum linken Flügel der Nationalversammlung, wandte sich aber gegen die Pariser Kommune, da er die Revolution ablehnte.

Die »praktischen« Franzosen gaben rascher als die Deutschen die religiös-mystische Argumentation auf und suchten ihre »neue Welt« mit Gewalt zu errichten. In Deutschland hingegen blieben die religiösen Traditionen des kommenden »Reiches der Freiheit« länger lebendig, auch wenn sie deutlich von den Ideen der Aufklärer geprägt waren.

Nach dem Scheitern erster demokratischer Bewegungen in Deutschland entstanden deutsche Geheimorganisationen 1834 im Ausland, in der Schweiz das »Junge Deutschland« und in Paris der »Bund der Geächteten«. 1836 folgte der Geheimbund der »Gerech-

---

71 Vorländer, 1926, S. 228

ten«, ebenfalls in Paris, dessen Theoretiker Wilhelm Weitling (1808–1871) war, der dem Bund eine utopisch-kommunistische Ideologie gab.

Er schrieb seine Kritiken an der deutschen Gesellschaft in bildhafter, volkstümlicher Sprache, die den arbeitenden Menschen verständlich war und ihnen ihre Lage erklärte: »Aus der Freiheit und der Harmonie der Begierden und Fähigkeiten aller entsteht das Gute, aus ihrer Unterdrückung und Bekämpfung zum Vorteil einiger alles Böse.«[72] Ein »Familienbund«, geleitet von gewählten Räten, sollte den bisherigen Klassenstaat ersetzen. Die Staatsleitung sollten drei Repräsentanten der Philosophie, der Medizin und der Naturwissenschaften übernehmen. Die Ämter des Staates sollten die Besten nach Prüfung ihrer Fähigkeiten ausüben. Der Arbeitstag sollte auf sechs Stunden beschränkt werden. Gut »deutsch« war Weitlings Idee, daß jeder ein »Kommerzbuch« zu führen habe, in dem seine Arbeitsleistung seiner Konsumtion gegenübergestellt und beide gegeneinander aufgerechnet werden sollten. Eine dritte Rechnungsführung sollte jedem einzelnen vor Augen führen, was er verbraucht hatte, einschließlich der Bezahlung eines Geistlichen. Er steigerte sich in die Vorstellung hinein, der christliche Messias der deutschen Arbeiter zu sein. Sein Jesusbild war lebensfroh. Er verachtete die Philosophen, deren Schriften ihm nichts für die Arbeiter und ihre Befreiung sagen konnten.

Nach dem Scheitern der deutschen Revolution emigrierte er 1849 nach Amerika, versuchte dort vergebens eine kommunistische Organisation aufzubauen und verzichtete schließlich auf weitere politische Tätigkeit.

Eine in Deutschland wenig ausgeprägte »chiliastische« Strömung war der Anarchismus in allen seinen vielen Formen, der in Süd- und Osteuropa von größerer Bedeutung war. Er ist gewissermaßen ein illegitimer Sohn des Liberalismus, der die von letzterem verlangte Freiheit des Individuums auch für die Armen und Unterdrückten einforderte.

Wilhelm Godwin (1756–1836), einer der Väter des Anarchismus, ging von dem ethischen Grundsatz aus, daß das höchste Gesetz das Wohl der Gesamtheit sei. Jede Regierung und jedes geschriebene

---

72 Vorländer, 1926, S, 234

Recht sei in sich Einschränkung der Freiheit der Persönlichkeit. Damit jeder Bürger seine Freiheit nützen könne, sei die gleiche Verteilung der Güter erforderlich.

War Godwin ein anarchistischer Kommunist, so plädierte der deutsche Anarchist Kaspar Schmidt (1806–1856) für die Umwandlung der Gesellschaft in einen »Verein von Egoisten«, da das Zugreifen auf die Güter der Welt das wahre Wesen des Menschen sei. Schmidt nannte sich Max Stirner. Sein 1845 erschienenes Werk »Der Einzige und sein Eigentum« verwirft jegliche Pflicht und behauptet, nur der »Eigene« sei der wahre Freie, der auf niemanden zu achten habe.

Der Vater des amerikanischen Anarchismus, Benjamin Tucker, gab 1881 die Zeitschrift »Liberty« in Boston heraus. Als echter Yankee predigte er den Egoismus im vollsten Sinne des Wortes. Jeder habe das alleinige Recht, über seine Angelegenheiten zu entscheiden. Jedes staatliche Monopol und jede staatliche Kontrolle sei von Übel. Nur freiwillige Verträge sollten die Beziehungen zwischen den Menschen regeln.

Dem Anarchismus zugerechnet wird auch Joseph Pierre Proudhon (1809–1865), dessen Hauptsatz: »Qu'est ce-que la proprietié? C'est le vol!« (»Was ist das Eigentum? Das ist der Diebstahl!«) von der antikommunistischen Propaganda oft gegen kommunistische Ideen verwandt wurde. Proudhon nahm nur das durch eigene Arbeit erworbene Eigentum aus. Er trat für eine friedliche Revolution von unten ein, die das Eigentum für alle verwirklichen sollte. Eine freie Organisation der Arbeit sollte die Gesellschaft bilden.

In Rußland wurzelte der Anarchismus in der brutalen Unterdrückung der demokratischen Bewegung in den sechziger Jahren des 19. Jahrhunderts. Sie hatte sich an der Agrarreform von 1861 entzündet, die die alten Dorfgemeinden zerschlug und die Bauern durch ungeheure Abfindungssummen für den Boden bis in die dreißiger Jahre des 20. Jahrhunderts fesseln sollte. 1862 bildete die »Semlja i wolja« (»Land und Freiheit«) ein Netz revolutionärer Gruppen zur Vorbereitung eines Aufstandes.

Ihre Führer wie A. I. Herzen hofften, daß die gegen den Zaren rebellierenden Polen auch die Russen mitreißen würden. Diese Hoffnungen waren vergebens. Enttäuschte Revolutionäre wandten sich dem Terror zu. Der Bund »Semlja i wolja« versuchte die

Bauern in die Revolution zu führen. Nach größeren Erfolgen zerfiel er jedoch in drei Hauptrichtungen mit stark utopischen Zielsetzungen.

Das Reich der russischen Autokratie war mit dem Sieg über Napoleon nur mühsam wieder hergestellt worden. Besonders in Polen, das von den Franzosen die Befreiung vom Zarenreich erhofft hatte, kamen Ideologien und Aufstände auf, die deutlich messianische Züge trugen.

Als Gottgesandter predigte A. Towianski ein »wahres Evangelium«, nach dem Glauben und Ideen Throne stürzen und alten Ruhm neu errichten konnten.

Adam Mickiewicz begriff seine Polen als das auserwählte Volk Gottes, den kooperativen Messias der Nationen, dessen Untergang nicht Strafe, sondern das Opfer für die Sünden der Welt sei. Polen war ihm der Apostel der wahrhaft christlichen Zivilisation im Kampf gegen östliche Barbarei.

Graf Krasinski verhieß ein Drittes Reich Gottes auf Erden, vergleichbar der vorchristlichen Epoche. Der christlichen Ära folge nun eine Zeit ohne Gewalt und Knechtschaft, wenn nur die Teilung Polens überwunden werde. Wie ein einziger Christus werde Polen zum Heile aller Völker auferstehen.

Noch weiter ging Graf Dostojewski, der im religiösen Nationalismus das Heil eines Dritten Reiches von seinen russischen Bauern erwartete. Für ihn galt die alte Devise des Moskauer Patriarchats, das Dritte Rom zu vertreten, dessen Vorgängerinnen durch ihre Sünden vom rechten Wege Gottes abgekommen seien und daher fallen mußten. Ihm waren Sozialismus und Katholizismus verhaßt. Er fürchtete die Vereinigung beider Massenbewegungen des Westens, wenn ein barfüßiger Papst sich zum Führer der Armen aufschwingen werde. Dann bräche die große soziale Revolution aus, der Westeuropa erliegen müsse. Nur das russische Bauernvolk habe das wahre Christentum und sei berufen, Europa zu erlösen. Orthodoxie und Autokratie würden die vielförmige Ketzerei besiegen, der Anfang sei mit dem Krieg gegen die Türken gemacht.

Sein Schüler Solowjew glaubte an die religiöse Vereinigung von Papstkirche, Protestantismus und Orthodoxie als den Weg in die *Monarchie Sancte Petrie*. Aber sie alle erreichten nicht die Bauern ihres Imperiums, und selbst die herrschende Orthodoxie verwarf sie als Häretiker. Ihre Leser fanden sie im Bürgertum und im Adel, die vor der heraufziehenden Revolution zitterten. Populärer war unter den russischen Denkern und Offizieren die Lehre von einem gewaltsamen Umsturz. An Louis Blancs Frühzeit lehnte sich P. N. Tkatschow (1844–1885) an, der den sofortigen Aufstand propagierte. Die Hauptströmung des »Narodnaja wolja (Volkswillen)« wollte die alte Dorfgemeinde wiederbeleben, um die kapitalistische Entwicklung vermeiden zu können. Der russische Sozialismus sollte ein System freiwillig miteinander verbundener Dorfgemeinden sein. Den Weg hierzu sollte der individuelle Terror gegen den Staatsapparat und seine Repräsentanten öffnen.

Der russische Anarchismus fand in zwei Adligen seine Ideologen, die im Ausland viel Aufmerksamkeit erregten: Peter Krapotkin (1842–1920) und Michael Bakunin (1814–1876).

Bakunin, ein zur revolutionären Bewegung gestoßener Offizier, floh nach Deutschland und nahm 1849 am Dresdener Aufstand teil. Er wurde an Rußland ausgeliefert und saß 14 Jahre in russischen Gefängnissen, so in der berüchtigten Schlüsselburg. Nach Sibirien verbannt, floh er über Japan nach Europa, schloß sich der I. Internationale an, wurde später aber ausgeschlossen und arbeitete bis zu seinem Tode als Schriftsteller in der Schweiz. Er glaubte bis zuletzt an »den endlichen Triumph der Menschheit auf Erden« und bekannte: »Wir sind Anarchisten. Wir verwerfen jede Gesetzgebung, jede Autorität, jeden privilegierten, patentierten, offiziellen und legalen Einfluß, auch wenn er durch das allgemeine Stimmrecht geschaffen sein sollte, in der Überzeugung, daß derartiges immer nur zum Vorteil einer herrschenden Minderheit von Ausbeutern zum Nachteil der geknechteten ungeheuren Mehrheit gereichen kann«[73]. Nach seiner Ansicht sollten alles Kapital, der Grund und Boden und die Produktionsmittel Kollektiveigentum der Gesellschaft und der Staat durch eine Revolution beseitigt werden.

Peter Krapotkin stammte aus einer Moskauer Fürstenfamilie. Er hinterließ die »Memoiren eines Revolutionärs«[74], seine Autobio-

---
73 Vorländer, 1926, S. 268
74 In deutsch erschienen 1900 in Stuttgart

graphie und eine Schilderung seiner Anschauungen. Seit 1886 lebte er in England und kehrte nach der Oktoberrevolution nach Moskau zurück. Krapotkin, der sich nach kurzer Zugehörigkeit zur I. Internationale von Marx getrennt hatte, bezeichnete seine Lehre als »freiheitlichen Kommunismus« oder »kommunistischen Anarchismus«. Er träumte von einem Kommunismus in Freiheit, der die volle Entfaltung aller Fähigkeiten eines jeden Menschen ermöglichen werde. Das Privateigentum müsse aufgehoben und jede Form genossenschaftlicher Zusammenschlüsse gefördert werden. Diese Genossenschaften sollten im freien Zusammenschluß den Staat bilden. Seinen Ansichten stand in Deutschland Gustav Landauer nahe, der 1919 bei der Zerschlagung der Münchner Räterepublik ermordet wurde.

In Frankreich und Spanien nahm der Anarchismus die Form des Syndikalismus an, der in revolutionären Gewerkschaften die Basis für die Revolution sah. Zu seinen Ideologen zählten in Frankreich G. Sorel und H. Lagardelle, in Italien A. Labriola und in der Schweiz R. Michels. Auch in Lateinamerika waren anarchistische Ideen weit verbreitet.

2. Der Weg zum Kommunistischen Manifest

Nach dem Zusammenbruch des Staatensystems des »real existierenden Sozialismus« kann und muß in einen Überblick über gescheiterte Ideale und Hoffnungen auf eine neue Welt auch das Werk von Marx und Engels einbezogen werden. Beide sahen sich selbst als Überwinder der Utopie und als Wissenschaftler[75], ein Anspruch, der von ihren Nachfolgern bis zum Unfehlbarkeitsdogma erweitert wurde (»Der Marxismus ist allmächtig, weil er wahr ist«. W. Lenin).

Diese Umwandlung ihres Lebenswerks in eine Quasireligion lag den Gründern der marxistischen Bewegung fern, bei all ihrer Streitbarkeit, die ein Zug wissenschaftlicher Erkenntnissuche ist. So vermerkte Engels u. a. im »Anti-Dühring«: »Denn das wertvollste Resultat dürfte dies sein, uns gegen unsre heutige Erkenntnis äußerst

---

75 Engels, 1962, S. 189–228

mißtrauisch zu machen, da wir ja aller Wahrscheinlichkeit nach so ziemlich am Anfang der Menschheitsgeschichte stehen, und die Generationen, die uns berichtigen werden, wohl viel zahlreicher sein dürften als diejenigen, deren Erkenntnis wir oft genug mit beträchtlicher Geringschätzung zu berichtigen im Falle sind ...«[76].
Marx muß gegen Ende seines Lebens bereits die Gefahr gesehen haben, daß seine Auffassungen zu absoluten »Wahrheiten« umgedeutet würden. In der Polemik gegen N. K. Michailowski schrieb er 1877 einen Brief an die Redaktion der Zeitschrift »Otetschestwennyje Sapiski«, in dem er sich dagegen verwahrte, daß das Kapitel über die ursprüngliche Akkumulation in seinem Buch »Das Kapital« als Leitfaden für die Politik im zeitgenössischen Rußland benutzt werde. Diese »... geschichtliche Skizze ... will nur den Weg schildern, auf dem im westlichen Europa die kapitalistische Wirtschaftsordnung aus dem Schoß der feudalen Wirtschaftsordnung hervorgegangen« ist. Falls nun Rußland eine kapitalistische Nation zu werden erstrebe, so sei die Lehre aus dem Marxschen »Kapital«, daß Rußland »... die unerbittlichen Gesetze dieses Systems zu ertragen haben (wird), genauso wie die andern profanen Völker. Das ist alles. Aber das ist meinem Kritiker zu wenig. Er muß durchaus meine historische Skizze von der Entstehung des Kapitalismus in Westeuropa in eine geschichtsphilosophische Theorie des allgemeinen Entwicklungsganges verwandeln, der allen Völkern schicksalsmäßig vorgeschrieben ist, was immer die geschichtlichen Umstände sein mögen, in denen sie sich befinden, um schließlich zu jener ökonomische Formation zu gelangen, die mit dem größten Aufschwung der Produktivkräfte der gesellschaftlichen Arbeit, die allseitigste Entwicklung des Menschen sichert...« Marx nennt dann als Beispiel die Analogien und Differenzen zwischen dem modernen Proletariat und den römischen *Proletarii* und fährt fort: »Wenn man jede dieser Entwicklungen für sich studiert und sie dann miteinander vergleicht, wird man leicht den Schlüssel zu dieser Erscheinung finden, aber man wird niemals dahin gelangen mit dem Universalschlüssel einer allgemeinen geschichtsphilosophischen Theorie, deren größter Vorzug darin besteht, übergeschichtlich zu sein«[77].

---

76 Engels, MEW 20, 1962, S. 80
77 Marx, MEW 19, 1962, S. 108, 111, 112

Die Umwandlung der Marxschen Auffassungen in »einen Universalschlüssel für eine allgemeine geschichtsphilosophische Theorie, deren »größter Vorzug darin besteht, übergeschichtlich zu sein«, die »schicksalsmäßig ... allen Völkern« vorgeschrieben sei, ist eingetreten, kann jedoch weder Marx noch Engels angelastet werden, die, wie zitiert, sich der Begrenztheit ihrer Erkenntnis bewußt waren. Es bleibt hier die Frage, ob in ihrem Gedankensystem chiliastische oder utopische Grundzüge geblieben sind, die zum Teil ihre Wirksamkeit ausgemacht bzw. zum Scheitern der Verwirklichung ihrer Ideale beigetragen haben. Hierbei ist die Gesamtentwicklung der beiden Theoretiker einzuschätzen und ihnen das Recht des Wissenschaftlers auf Irrtum zuzubilligen.

Karl Marx, aus einem zum Christentum übergetretenen jüdischen Elternhaus stammend, war in Berlin zu einem Schüler des Philosophen Hegel geworden, einem Ideologen der Restauration, der sein Weltbild und seine Denkweise zutiefst beeinflußt hat. Zwar erkannten er und Friedrich Engels die Begrenztheit des Hegelschen Denkens, denn Engels schrieb: »Das Hegelsche System als solches war eine kolossale Fehlgeburt«[78], und Marx betonte: »Meine dialektische Methode ist der Grundlage nach von der Hegelschen nicht nur verschieden, sondern ihr direktes Gegenteil. Für Hegel ist der Denkprozeß, den er sogar unter dem Namen Idee in ein selbständiges Subjekt verwandelt, der Demiurg des Wirklichen, das nur seine äußere Erscheinung bildet. Bei mir ist umgekehrt das Ideelle nichts andres als das im Menschenkopf umgesetzte und übersetzte Materielle. Die mystifizierende Seite der Hegelschen Dialektik habe ich vor beinah 30 Jahren, zu einer Zeit kritisiert, wo sie noch Tagesmode war«[79].

An anderer Stelle erklärt er, daß er die Hegelsche Dialektik vom Kopf auf die Füße gestellt habe. Dies ist zwar richtig, aber im Geschichtsverständnis von Marx blieb viel Hegelianismus, den er unbewußt oder als wissenschaftliches Material übernahm, ohne ihn kritisch aufarbeiten zu können. Dies soll im folgenden am Geschichtsverständnis und am Orientbild Karl Marx' versucht werden darzulegen.

---

78 Engels, MEW 20, S. 206
79 Marx, MEW 23, 1962, S. 27

Marx, 1818 in Trier geboren, hörte bei Georg Friedrich Wilhelm Hegel Vorlesungen bis zu dessen letzten Wirkungstagen in Berlin (gest. 14. November 1831). Marx lebte in den Zirkeln der Studenten und Publizisten des Vormärz und erlebte in Berlin wie in seiner rheinischen Heimat die politische Krise des restaurierten Preußenstaates. Seine Haltung bis in die vierziger Jahre läßt sich mit Erich Fromm[80] als »radikaler Humanismus«, aber noch nicht als Materialismus bezeichnen. Seine humanistischen Ideale wurzelten in der deutschen Philosophie, während der aus einer pietistischen Unternehmerfamilie stammende Friedrich Engels (geb. 1820 in Barmen) durch den Saint-Simonismus des Moses Heß für sozialistisch-kommunistische Ideale gewonnen wurde.

Mit den ökonomischen Grundlagen menschlichen Seins wurde Marx in seiner Tätigkeit für die »Rheinische Zeitung« vertraut, wie er dabei auch mit dem Kommunismus in Berührung kam, was beispielsweise sein Artikel »Der Kommunismus und die Augsburger Allgemeine Zeitung« vom 16. Oktober 1842 beweist[81]. Zu ökonomisch-materialistischen Erklärungen historischer Erscheinungen gelangte er wenig später, so in seiner Schrift »Zur Judenfrage«[82]. Aber selbst in seiner »Kritik der Hegelschen Rechtsphilosophie« von 1844 blieb er, wie wir weiter unten sehen werden, im Banne der Vorstellungen Hegels.

Engels, der bereits 1842 als Unternehmer in England mit der dort weiter entwickelten Situation der Industrie konfrontiert wurde, wandte sich schon in diesem Jahr in Briefen für die »Rheinische Zeitung« der Lage der arbeitenden Klasse in England zu[83], in Artikeln, die auch von Robert Owen hätten geschrieben worden sein können. Er beschäftigte sich 1845 mit Fourier und publizierte im gleichen Jahr in Leipzig sein Hauptwerk »Die Lage der arbeitenden Klasse in England«.

Nach dem Verbot der »Rheinischen Zeitung« mußte Marx emigrieren und traf 1844 in Paris mit Engels zusammen, mit dem ihn eine lebenslange Freundschaft verbinden sollte. In Brüssel bildeten sie 1846 ein »Kommunistisches Korrespondenzkomitee«, das sich

---

80 Fromm.,1989
81 Marx, MEW 1, 1957, S. 105–108
82 Marx, MEW 1, 1957, S. 347–377
83 Marx-Engels, MEW 4, 1980. S. 462–474

vorwiegend an die Mitglieder des »Bundes der Gerechten« wandte. Ein Jahr später nannte sich dieser Bund in den »Bund der Kommunisten« um, in dessen Auftrag beide im Februar 1848 das »Manifest der Kommunistischen Partei« publizierten.

Diese kleine Broschüre gehört zu den am weitesten verbreiteten Publikationen des 19. und 20. Jahrhunderts. Sie ist eine Kombination wissenschaftlich-analytischer Teile – wie im ersten Abschnitt »Bourgeoisie und Proletarier« – und politischem Programm wie im zweiten Abschnitt »Proletarier und Kommunisten«[84], verbunden mit einer Kritik der »Sozialistischen und kommunistischen Literatur«[85]. Die drei Teile bilden eine Einheit, und so endet der erste Abschnitt mit den Zeilen: »Mit der Entwicklung der großen Industrie wird also unter den Füßen der Bourgeoisie die Grundlage selbst hinweggezogen, worauf sie produziert und die Produkte sich aneignet. Sie produziert vor allem ihre eigenen Totengräber. Ihr Untergang und der Sieg des Proletariats sind gleich unvermeidlich«[86]. Wir wissen heute, daß diese Schlußfolgerungen als Voraussage sich nicht erfüllt haben, während die vorangehenden Analysen besser sind als alles, was an zeitgenössischer Literatur zur dieser Thematik vorliegt.

Das Programm schließt völlig an die Erkenntnis der gesellschaftlichen Macht des Kapitals an und ist vom »radikalen Humanismus« beherrscht, der in der Zielvorstellung am Schluß des zweiten Abschnitts formuliert wird: »An die Stelle der alten bürgerlichen Gesellschaft mit ihren Klassengegensätzen tritt eine Assoziation, worin die freie Entwicklung eines jeden die Bedingung für die freie Entwicklung aller ist«[87].

Mit diesem Ziel standen Marx und Engels in der Tradition ihrer utopistischen Vorläufer. Bisher ist diese Aussage ein schöner Wunschtraum geblieben. Die vorgeschlagenen Schritte unterscheiden sich wenig von denen ihrer Vorgänger:

»1. Expropriation des Grundeigentums und Verwendung der Grundrente zu Staatsaufgaben.
2. Starke Progressivsteuer.
3. Abschaffung des Erbrechts.

---

84 Marx-Engels, MEW 4, S. 474–482
85 Marx-Engels, MEW 4, 1980, S. 482–493
86 Marx-Engels, MEW 4, 1980, S. 474
87 Marx-Engels, MEW 4, 1980, S. 482

4. Konfiskation des Eigentums aller Emigranten und Rebellen.
5. Zentralisation des Kredits in den Händen des Staates durch eine Nationalbank mit Staatskapital und ausschließlichem Monopol.
6. Zentralisation des Transportwesens in den Händen des Staates.
7. Vermehrung der Nationalfabriken, Produktionsinstrumente, Urbarmachung und Verbesserung der Ländereien nach einem gemeinschaftlichen Plan.
8. Gleicher Arbeitszwang für alle, Errichtung industrieller Armeen, besonders für den Ackerbau.
9. Vereinigung der Betriebe von Ackerbau und Industrie, Hinwirken auf die allmähliche Beseitigung des Unterschieds von Stadt und Land.
10. Öffentliche und unentgeltliche Erziehung aller Kinder. Beseitigung der Fabrikarbeit der Kinder in ihrer heutigen Form. Vereinigung der Erziehung mit der materiellen Produktion«[88].

Sie erhofften das Ende der Kolonialherrschaft und der Kriege: »In dem Maße, wie die Exploitation des einen Individuums durch das andere aufgehoben wird, wird die Exploitation einer Nation durch die andere aufgehoben. Mit dem Gegensatz der Klassen im Innern der Nation fällt die feindliche Stellung der Nationen gegeneinander«[89] – bis heute ebenfalls nur ein frommer Wunsch.

Der fast religiös anmutende Ton des Aufrufs klingt in den Schlußsätzen nach: »Mögen die herrschenden Klassen vor einer kommunistischen Revolution zittern. Die Proletarier haben nichts zu verlieren als ihre Ketten. Sie haben eine Welt zu gewinnen. Proletarier aller Länder, vereinigt euch!«[90]

3. Das Warten auf die Revolution

Die Teilnahme der von Marx und Engels geführten Kommunisten an den Revolutionen von 1848–1849 haben deren Niederlage nicht verhindern können, vertieften jedoch bei beiden die Überzeu-

---
88 Marx-Engels, MEW 4, 1980, S. 481–482
89 Marx-Engels, MEW 4, 1980, S. 479
90 Marx-Engels, MEW 4, 1980, S. 493

gung, daß der gesellschaftliche Fortschritt von den »zivilisierten« Nationen getragen werde, und sie warteten bis zu ihrem Tode auf die Revolution in Westeuropa. Den Hauptfeind der Revolution sahen sie im russischen Zarismus, dessen Armeen die Revolutionen in Polen unterdrückt und die Unterwerfung der Revolutionäre in Wien, Berlin und Budapest aktiv unterstützt hatten. Sie begriffen dies im Geschichtsbild Hegels, für den der »Osten« die Region der Despotien und der Unkultur schlechthin war.

Die Niederlage der Revolution drängte Marx und Engels wieder nach England zurück. Engels mußte seinen Lebensunterhalt in der Textilindustrie verdienen und half seinem offenbar unpraktischen Freund nicht selten uneigennützig aus schwersten sozialen Nöten. Marx wandte sich dem Studium der Ökonomie des Kapitalismus zu, dessen Hauptergebnisse in dem unvollendet gebliebenen Werk »Das Kapital« enthalten sind. Er blieb in dieser Lebensphase »radikaler Humanist«, in dessen Revolutionshoffnung messianische oder chiliastische Züge deutlich werden, die an Rousseau und Hegel zugleich erinnern: »Das Reich der Freiheit beginnt in der Tat erst da, wo das Arbeiten, das durch Not und äußere Zweckmäßigkeit bestimmt ist, aufhört; es liegt also der Natur der Sache nach jenseits der Sphäre der eigentlichen materiellen Produktion. Wie der Wilde mit der Natur ringen muß, um seine Bedürfnisse zu befriedigen, um sein Leben zu erhalten und zu reproduzieren, so muß es der Zivilisierte, und er muß es in allen Gesellschaftsformen und unter allen möglichen Produktionsweisen. Mit seiner Entwicklung erweitert sich dies Reich der Naturnotwendigkeit, weil die Bedürfnisse; aber zugleich erweitern sich die Produktivkräfte, die diese befriedigen. Die Freiheit in diesem Gebiet kann nur darin bestehn, daß der vergesellschaftete Mensch, die assoziierten Produzenten, diesen ihren Stoffwechsel mit der Natur rationell regeln, unter ihre gemeinschaftliche Kontrolle bringen, statt von ihm als von einer blinden Macht beherrscht zu werden; ihn mit dem geringsten Kraftaufwand und unter den ihrer menschlichen Natur würdigsten und adäquatesten Bedingungen vollziehn. Aber es bleibt immer ein Reich der Notwendigkeit. Jenseits desselben beginnt die menschliche Kraftentwicklung, die sich als Selbstzweck gilt, das wahre Reich der Freiheit, das aber nur auf jenem Reich der Notwendigkeit als seiner Basis aufblühn kann«[91].

Das angestrebte »Reich der Freiheit« blieb für Marx auch in der Zukunft vom »Reich der Notwendigkeit« abhängig, aber die Hoffnung auf die vernunftgemäße Regelung der Gesellschaft war die gleiche, die seit Jahrtausenden den »Chiliasten« die Hand führte. Die Sicherheit, mit der Marx und Engels die Revolution erwarteten, begründeten sie zwar sozial mit dem Klassenkampf zwischen Bourgeoisie und Proletariat, doch wurzelt sie letztlich in der Hegelschen Denkweise. Marx schrieb 1873 u. a.: »Ich bekannte mich daher offen als Schüler jenes großen Denkers, und kokettierte sogar hier und da im Kapitel über die Werttheorie mit der ihm eigentümlichen Ausdrucksweise. Die Mystifikation, welche die Dialektik in Hegels Händen erleidet, verhindert in keiner Weise, daß er ihre allgemeinen Bewegungsformen zuerst in umfassender und bewußter Weise dargestellt hat. Sie steht bei ihm auf dem Kopf. Man muß sie umstülpen, um den rationellen Kern in der mystischen Hülle zu entdecken«[92].

Dem Marxschen Geschichtsbild wird nachgesagt, es sei eine Kopie der Hegelschen Triade, da er den »Urkommunismus« als These, die »Klassengesellschaft« als Antithese und den »entwickelten Kommunismus« als Synthese im Sinne Hegels verstanden habe. Das war jedoch erst die Interpretation moderner Epigonen, die damit weder Marx noch Hegel gerecht werden.

Die Urzeit, die Zeit vor der schriftlich überlieferten Geschichte, hatte Hegel nicht interessiert, ihm war der Staat der Zweck der Geschichte. Seinem Wandel galt seine Aufmerksamkeit, und im Marxschen Geschichtsbild taucht die »Vorgeschichte der Gesellschaft« erst spät auf, so z. B. nicht im Text des »Kommunistischen Manifests«, sondern erst 1888 in einer Fußnote zu dieser Arbeit, die Engels nachgetragen hat. Der Kern seines Geschichtsbildes, der in der Tat auf Hegel zurückgeht, ist die bereits das »Kommunistische Manifest« beherrschende Überzeugung von der gesetzmäßig kommenden Revolution, mit der die »Vorgeschichte der Menschheit« enden und die wahre Geschichte der Menschheit beginnen werde.

Das war die alte Sehnsucht Johannes' und die Gewißheit Joachim di Fiores. Sie ist zwar anders begründet, aber wie bei seinen Vor-

---

91 Marx, MEW 25, 1964, S. 828
92 Marx, 1962, S. 27

gängern führten aufwärtssteigende Stufen zur Endlösung aller Weltprobleme in einem Reich ohne Grenzen und Kriege, ohne Klassen und Schichten. Neu war jedoch, in Weiterführung der Hegelschen Beschäftigung mit Adam Smith und Ricardo, die Erklärung des Fortschritts aus der Entwicklung der Produktivkräfte und Produktionsverhältnisse. Marx hat seine Lehre in mehreren Etappen entwickelt; eine Tatsache, die Marxisten wie Nichtmarxisten zumeist übersehen haben. Nachgewirkt hat besonders die erste Phase, seine Ansichten aus den fünfziger Jahren. Sie wurden nur einmal ausformuliert, und zwar im »Vorwort zur Kritik der Politischen Ökonomie« von 1859. Dort heißt es: »In der gesellschaftlichen Produktion ihres Lebens gehen die Menschen bestimmte, notwendige, von ihrem Willen unabhängige Verhältnisse ein, Produktionsverhältnisse, die einer bestimmten Entwicklungsstufe ihrer materiellen Produktivkräfte entsprechen. Die Gesamtheit dieser Produktionsverhältnisse bildet die ökonomische Struktur der Gesellschaft, die reale Basis, worauf sich ein juristischer und politischer Überbau erhebt, und welcher bestimmte gesellschaftliche Bewußtseinsformen entsprechen. Die Produktionsweise des materiellen Lebens bedingt den sozialen, politischen und geistigen Lebensprozeß überhaupt. Es ist nicht das Bewußtsein der Menschen, das ihr Sein, sondern umgekehrt ihr gesellschaftliches Sein, das ihr Bewußtsein bestimmt. Auf einer gewissen Stufe ihrer Entwicklung geraten die materiellen Produktivkräfte der Gesellschaft in Widerspruch mit den vorhandenen Produktionsverhältnissen oder, was nur ein juristischer Ausdruck dafür ist, mit den Eigentumsverhältnissen, innerhalb deren sie sich bisher bewegt hatten. Aus Entwicklungsformen der Produktivkräfte schlagen diese Verhältnisse in Fesseln derselben um. Es tritt dann eine Epoche sozialer Revolutionen ein. Mit der Veränderung der ökonomischen Grundlage wälzt sich der ganze ungeheure Überbau langsamer oder rascher um. In der Betrachtung solcher Umwälzungen muß man stets unterscheiden zwischen der materiellen, naturwissenschaftlich treu zu konstatierenden Umwälzung in den ökonomischen Produktionsbedingungen und den juristischen, politischen, religiösen, künstlerischen oder philosophischen, kurz, ideologischen Formen, worin sich die Menschen dieses Konflikts bewußt werden und ihn ausfechten. So wenig man das, was ein Individuum ist, nach dem beurteilt, was es sich selbst dünkt, ebensowenig kann man eine solche Umwälzungsepoche aus ihrem Bewußtsein beurteilen, sondern muß vielmehr dies Bewußtsein aus den Widersprüchen des materiellen Lebens, aus dem vorhandenen Konflikt zwischen gesellschaftlichen Produktivkräften und Produktionsverhältnissen erklären. Eine Gesellschaftsformation geht nie unter, bevor alle Produktivkräfte entwickelt sind, für die sie weit genug ist, und neue, höhere Produktionsverhältnisse treten nie an die Stelle, bevor die materiellen Existenzbedingungen derselben im Schoß der alten Gesellschaft selbst ausgebrütet worden sind. Daher stellt sich die Menschheit immer nur Aufgaben, die sie lösen kann, denn genauer betrachtet wird sich stets finden, daß die Aufgabe selbst nur entspringt, wo die materiellen Bedingungen ihrer Lösung schon vorhanden oder wenigstens im Prozeß ihres Werdens begriffen sind. In großen Umrissen können asiatische, antike, feudale und modern bürgerliche Produktionsweisen als progressive Epochen der ökonomischen Gesellschaftsformation bezeichnet werden. Die bürgerlichen Produktionsverhältnisse sind die letzte antagonistische Form des gesellschaftlichen Produktionsprozesses, antagonistisch nicht im Sinn von individuellem Antagonismus, sondern eines aus den gesellschaftlichen Lebensbedingungen der Individuen hervorwachsenden Antagonismus, aber die im Schoß der bürgerlichen Gesellschaft sich entwickelnden Produktivkräfte schaffen zugleich die materiellen Bedingungen zur Lösung dieses Antagonismus. Mit dieser Gesellschaftsformation schließt daher die Vorgeschichte der menschlichen Gesellschaft ab«[93].

Deutlich wird hier der als sicher angesehene Abschluß des kapitalistischen Zeitalters und der Übergang zum menschlichen »Jahrtausend«. Das ist Chiliasmus. Auch die Vorstellung, daß »asiatische, antike, feudale und modern bürgerliche Produktionsweisen« eine Entwicklungskette darstellen, gleicht der alten Lehre von den vier Reichen oder der Tetrade Orient – Griechenland – Rom – Germanen bei Hegel, nur ist sie ökonomisch untersetzt. Die Abfolge unterschiedlicher Gesellschaftsformationen in Westeuropa ist in der Regel akzeptiert; offen und umstritten ist jedoch die »asiatische Produktionsweise«. An der Entwicklung der Literatur zu diesem

---

93 Marx, MEW 13, 1961, S. 8–9

Begriff läßt sich die Abhängigkeit Marxscher Vorstellungen vom Hegelschen Vorbild deutlicher erkennen als an der Revolutionstheorie und der Hoffnung auf die neue Welt, zumal da die Bewertung der nichteuropäischen Geschichte einen wesentlichen Teil der Geschichtstheorie und auch der Erkenntnis der Gegenwart bildet. Im Orientbild von Karl Marx sind ebenfalls zwei Hauptetappen zu unterscheiden, von denen wiederum die zweite kaum Eingang in die Literatur gefunden hat. Marx hat sich wenig mit der Geschichte des Ostens befaßt, da sein Hauptproblem stets der Kapitalismus war. Und selbst diese Arbeit hat er nicht abschließen können, weil er Ende der sechziger Jahre erfahren mußte, daß seine bisherige Konzentration auf Westeuropa ihn in die Irre zu führen drohte. Er brach die Arbeit am »Kapital« ab, lernte russisch und wandte sich dem Studium des Ostens zu, ohne Ergebnisse seiner Studien in abgeschlossener Form zu hinterlassen. Die erste Phase seines Orientverständnisses lag in den fünfziger Jahren, in denen Hegels Vorbild noch stark auf ihn wirkte.

4. Die asiatische Produktionsweise. Die Entstehung eines Dogmas

Die Theorie über eine »asiatische« Produktionsweise ist ein Teil der Marxschen Geschichtsvorstellung von einer Entwicklung der menschlichen Gesellschaft im Prozeß einander ablösender Produktionsweisen, wobei zu berücksichtigen ist, daß Marx aus seiner »klassischen« deutschen Bildung die Antike und deren Basis, die Sklaverei, kannte. Aus eigenem Erleben waren ihm die Reste des westeuropäischen Feudalismus vertraut, und er befaßte sich mit dem Kapitalismus, dessen ökonomische Struktur er zu verstehen trachtete, um die Voraussetzung einer siegreichen Revolution des Proletariats zu erkennen. Er stieß vor allem in England auf die andersartigen Strukturen der englischen Kolonien, besonders, als er für die »New York Daily Tribune« die britischen Auseinandersetzungen um die zweckmäßigste Form der Ausbeutung Indiens (1853–1856) und den großen Aufstand des indischen Volkes (1857–1858) zu kommentieren hatte.

Hegel hatte sein Orientbild bei Montesquieu entlehnt, der wie andere Aufklärer gegen die Gewaltherrschaft Louis XIV. verdeckt polemisierte. Louis hatte selbst den Ausdruck »Despot« verboten, und jede Kritik an der Monarchie war lebensgefährlich. Daher polemisierten die Aufklärer gegen die »orientalischen Despoten« und meinten damit Frankreich und dessen Monarchie. Hegel nahm Montesquieu wörtlich, und ihm folgte später Marx. In Hegels »Orientalischer Welt« steht Afrika für den Naturzustand, und »Asien ist der Weltteil des Anfangs schlechthin«. »Die Welt des Ganges und Indus (blieb) ... erhalten: solche Gedankenlosigkeit ist gleichfalls unvergänglich, aber sie ist wesentlich dazu bestimmt, vermischt, bezwungen und unterdrückt zu werden ... Weil die Inder keine Geschichte als Historie haben, um deswillen haben sie keine Geschichte als Taten«, heißt es bei ihm[94]. Bei Marx wurde daraus: »Indien konnte ... dem Schicksal, erobert zu werden, nicht entgehen, und seine ganze geschichtliche Vergangenheit, soweit es überhaupt eine solche hatte, ist die Geschichte der ununterbrochenen Reihe der Eroberungen. Die indische Gesellschaft hat überhaupt keine Geschichte ...«[95]

In dieser Situation wurde nun Hegels Geschichtsbild über den despotischen Orient wirksam, so sehr Marx auch nach einer ökonomischen Erklärung der Vorgänge in Asien suchte. Hegel hatte den »orientalischen Menschen« als ein unterentwickeltes Wesen beschrieben: »Das Gesetz des Willens ist für ihn das des Despoten«[96], und Marx schrieb noch in der »Kritik des Hegelschen Staatsrechts« 1843: »In der asiatischen Despotie (ist) der politische Staat nichts als die Privatwillkür eines einzelnen Individuums«[97]. Dann suchte er nach sozialökonomischen Ursachen und glaubte sie im Bericht des französischen Leibarztes des Großmoghuls Aurangzeb, François Bernier, gefunden zu haben. In einem Brief an Engels schrieb er, man könne »... nichts Brillanteres, Anschaulicheres und Schlagenderes lesen als den alten François Bernier...« und fuhr fort: »Bernier findet mit Recht die Grundform für sämtliche Erscheinungen des Orients; er spricht von Türkei, Persien, Hindostan darin, daß kein Privatgrundeigentum existiert.«[98]

---

94 Hegel, 1919, S. 348, 274
95 Marx, 1960, S. 220
96 Hegel, 1919, S. 270
97 Marx, 1957, S. 234
98 2. Juni 1853. Marx und Engels, MEW 28, 1963, S. 254

Diese Aussage ist seither immer als Beweis nicht nur für die Auffassung von Karl Marx zur »asiatischen Produktionsweise« zitiert, sondern auch als Beweis für die Realität der asiatischen Produktionsweise herangezogen worden, obwohl Marx schon 1853 zweifelnd geschrieben hatte: »Was die Eigentumsfrage betrifft, so bildet sie eine große Streitfrage bei den englischen Schriftstellern über Indien«[99]. Doch hat er Bernier geglaubt und sah damit die Unterlegenheit der indischen Millionen gegen die wenige Zehntausende der britischen Armee erklärt. Er hat sich nicht um die Herkunft des Hegelschen Orientbegriffs gekümmert, obwohl diese Analyse erforderlich gewesen wäre.

Hegel hatte sein Orientbild und seine Ablehnung der »orientalischen Despotie« von Montesquieu entlehnt. Letzten Endes geht es auf Aristoteles zurück, der die Eroberung Asiens mit der Behauptung begründete, das Achämenidenreich sei aus dem Geist der Sklaverei aller Barbaren entstanden, der im Klima begründet sei[100]. Dieser »Geist der Sklaverei« berechtige zur Unterwerfung der Orientalen durch die Griechen. Die Aristoteles-Tradition trug diese Legende in das 16. und 17. Jahrhundert Europas, als die Osmanen den Kontinent bedrohten und weder den Geburtsadel noch die ständische Ordnung dort akzeptierten. Bereits Jean Bodin[101] unterschied die *»monarchie royale«* Europas als legale Staatsform von der *»monarchie tyrannique«* der Türken. Montesquieu griff dieses Begriffspaar auf, als er gegen die französische Monarchie polemisierte. In der gleichen Zeit attackierten die Briten den französischen Absolutismus mit dem Argument, die Monarchie ohne Parlament in Frankreich sei Despotie.

Frankreichs Hofschriftsteller suchten die französische Adelsmonarchie mit dem »Nachweis« zu rechtfertigen, daß nur die Monarchien des Ostens despotisch seien. Zu diesen Autoren gehörte jener François Bernier mit seiner Reisebeschreibung über das Reich des Großmoghuls. Louis XIV. wurde in Flugblättern als »le petit turk français« bezeichnet[102]. Der König fühlte sich dadurch so stark getroffen, daß er 1660 den Gebrauch des Wortes »Despot« ver-

---

99 14. Juni 1853. Marx und Engels, MEW 28, 1963, S. 268–269
100 Aristoteles, Politik III.8 und IV.6
101 Bodin, 1579, S. 189–191
102 Meyer, 1955

bot. Jedoch blieb er in den Augen der scharfzüngigen Opposition der »Sultan Louis«. Auch Montesquieu nannte ihn »notre august sultan«[103]. Für Asiens Staaten verwandte er den Begriff »Despotien«, da sich Louis XIV. auf China berufen hatte, auf die Idealisierung der Mandschu-Dynastie.

Auf diesem Geschichtsbild Montesquieus baute Hegel auf, als er seine Geschichtstheorie entwickelte. Interessanter- und zugleich tragischerweise war Bernier bereits 1778 durch einen Indienkenner namens Anquetil Duperron widerlegt worden. In seiner »Legislation orientale«[104] wies dieser nach, daß die grundlegende Behauptung Berniers, in Indien sei der Großmoghul der alleinige Eigentümer von Grund und Boden, eine Geschichtsfälschung war. Er hatte erkannt, daß diese Legende den kolonialen Herrschaftsanspruch auf Indien begründen sollte. Da in Indien nur das Recht des Stärkeren gelte, müsse man nur an die Stelle des Despoten treten, um alle Reichtümer Indiens rechtmäßig zu besitzen.

Marx hat seine Theorie über die Produktionsweisen und ihre Abfolge im Vorwort »Zur Kritik der politischen Ökonomie« 1859 dargestellt, aber eben nur im Vorwort zur detaillierten Behandlung des Kapitalismus – jener Formation, die ihn stets primär interessierte. Sein Schlußsatz war von der Erlösungsgewißheit getragen und blieb unbewiesen. Die allgemeinen Ausführungen treffen für den von Marx untersuchten Übergang vom Feudalismus zum Kapitalismus zu, aber ihre Verallgemeinerung entsprach dem Wissen Europas um die Mitte des 19. Jahrhunderts; einem Wissen, das über die außereuropäischen Staaten wenig mehr als biblische Erzählungen und Reiseberichte kannte.

Heute muß man die Weltgeschichte viel differenzierter sehen und besonders die Subsumierung aller afroasiatischen Staaten der vorkolonialen Ära in einer Produktionsweise ablehnen. Es gab zwischen der Vorklassengesellschaft und dem Kapitalismus viele Varianten einer im Prinzip einheitlichen Gesellschaftsstruktur, die primär auf der Landwirtschaft beruhten. Eine Nebenlinie waren die Nomadenstaaten der Steppenräume. Sie wiesen sehr unterschiedliche Ausbeutungs- und Abhängigkeitsformen auf, so daß

---

103 Montesquieu, 1950, S. 37 f
104 Amsterdam 1778

heute die »antike« und die feudale Produktionsweise Europas nur als zwei aus der großen Zahl vergleichbarer Formen bezeichnet werden können. Sie lösten einander nicht durch politische Revolutionen ab, so daß auch die »Französische Revolution« als die Ablösung des Feudalismus durch den Kapitalismus als Sonderfall angesehen werden muß, der für die Ablösung des Kapitalismus nicht als gesetzmäßiges Vorbild dienen kann.

Marx hatte sich nach dem Scheitern der Revolutionen von 1848 und 1849 um den internationalen Zusammenschluß der Arbeiterorganisationen bemüht und sah sich seit 1864 in der Leitung der »Internationalen Arbeiterassoziation« (der I. Internationale) in den politischen Tageskampf einbezogen. Diese I. Internationale erreichte zeitgleich mit dem deutsch-französischen Krieg ihren Höhepunkt. Danach löste sie sich 1876 auf.

Für Karl Marx stellten die Jahre 1869 bis 1871 eine Zeit weitgehenden Umdenkens und Beharrens zugleich dar. Zwei Prozesse zwangen ihn zur Überprüfung eigener Anschauungen, von denen der eine – das Erleben der Pariser Kommune von 1870–1871 – seine Zuversicht auf eine nahende Revolution steigerte, der andere – die Erkenntnis, sich in seiner Einschätzung des »Ostens« getäuscht zu haben – von vielen Epigonen nicht nachvollzogen wurde.

5. Die Jahre des Wandels

Im Jahre 1870 hatte Frankreichs Kaiser Napoleon III. mit Gewalt die Vereinigung der deutschen Staaten unter preußischer Führung zu verhindern gesucht. Das kaiserliche Heer wurde jedoch geschlagen, ein Drittel Frankreichs besetzt und Paris belagert. Am 4. September rief die Pariser Bevölkerung die Republik aus, und an die Spitze Frankreichs trat eine »Regierung der nationalen Verteidigung«, die jedoch die drohende Revolution vor allem der Pariser mehr fürchtete als die Preußen. Bismarck teilte die Sorge vor einer revolutionären Erhebung der Franzosen, die seinen Sieg über den Konkurrenten in der Vormacht über Europa gefährden könnte.

Die bewaffnete Pariser Bevölkerung schloß sich in der Nationalgarde zusammen und wählte ein Zentralkomitee, in dem Anhänger Proudhons und Blancs den Ton angaben und sozialistische Inhalte vertraten. Die von Preußen gestützte Regierung versuchte am 18. März 1871 die Nationalgarde entwaffnen zu lassen – ein Versuch, der vereitelt wurde. Das Zentralkomitee der Nationalgarde proklamierte die Kommune von Paris, und in mehreren Städten Frankreichs folgten ähnliche Erhebungen, die jedoch unterdrückt wurden.

Am 27. März 1871 übernahm die gewählte Gemeindevertretung die Macht und verwirklichte bescheidene soziale Reformen. Bevor sie aber zum Tragen kamen, drangen überlegene Regierungstruppen, von Versailles kommend, in Paris ein und schlugen den Aufstand nieder. Etwa 30.000 Kommunarden verloren ihr Leben. Viele starben in den Verbannungslagern in Französisch-Guyana. Nur wenige entkamen durch die Linien der Sachsen, während die Preußen fliehende Kommunarden zurücktrieben oder auslieferten.

Karl Marx sah in der Pariser Kommune den Vorboten der erhofften proletarischen Revolution und trat für die Kommune ein, obwohl er erkannte, daß der Aufstand gegen die kooperierenden französischen und deutschen Truppen keine Chance hatte.

Er hielt die Kommune für die Form, in der die revolutionäre Arbeiterklasse den Staat als Repressivorgan bereits durch die verwirklichte unmittelbare Volksherrschaft überwunden habe. Die »Diktatur des Proletariats« war für ihn der Weg in die Zukunft. Die »Diktatur des Proletariats« hatte für ihn die Aufgabe, die Gewalt als innergesellschaftliches Mittel zu überwinden und die sozialistische Ordnung zu entwickeln.

Diese Vorstellung sollte sich als eine neue Utopie erweisen: der rasche und nur kurzzeitig Gewalt erfordernde Übergang zur klassenlosen Gesellschaft. Friedrich Engels formulierte die neue Theorie in seinem »Anti-Dühring« 1883: »Indem die kapitalistische Produktionsweise mehr und mehr die große Mehrzahl der Bevölkerung in Proletarier verwandelt, schafft sie die Macht, die diese Umwälzung, bei Strafe des Untergangs, zu vollziehn genötigt ist. Indem sie mehr und mehr auf Verwandlung der großen, vergesellschafteten Produktionsmittel in Staatseigentum drängt, zeigt sie selbst den Weg an zur Vollziehung der Umwälzung. Das Proletariat ergreift die Staatsgewalt und verwandelt die Produktionsmittel zunächst in Staatseigentum. Aber damit hebt es sich selbst als Proletariat, damit hebt es alle Klassenunterschiede und Klassengegensätze auf, und damit auch den Staat als Staat …

Sobald es keine Gesellschaftsklasse mehr in der Unterdrückung zu halten gilt, sobald mit der Klassenherrschaft und dem in der bisherigen Anarchie der Produktion begründeten Kampf ums Einzeldasein auch die daraus entspringenden Kollisionen und Exzesse beseitigt sind, gibt es nichts mehr zu reprimieren, das eine besondere Repressionsgewalt, einen Staat, nötig machte. Der erste Akt, worin der Staat wirklich als Repräsentant der ganzen Gesellschaft auftritt – die Besitzergreifung der Produktionsmittel im Namen der Gesellschaft – ist zugleich sein letzter selbständiger Akt als Staat. Das Eingreifen einer Staatsgewalt in gesellschaftliche Verhältnisse wird auf einem Gebiete nach dem anderen überflüssig und schläft dann von selbst ein. An die Stelle der Regierung über Personen tritt die Verwaltung von Sachen und die Leitung von Produktionsprozessen. Der Staat wird nicht ›abgeschafft‹, er stirbt ab«[105].

Auf diesem Wege sollte das »Reich der Freiheit« über dem »Reich der Notwendigkeit« (der Produktion) entstehen. Engels nannte ausdrücklich als Voraussetzung eines Absterbens des Staates die volle Entfaltung der modernen Produktionskräfte und sah diesen Zeitpunkt mit der Kommune für gekommen. Das war jedoch eine Illusion.

6. Die »russische Periode« bei Marx und Engels

Während die diesbezüglichen Schriften wohl auf Grund ihres Heilsversprechens in die Ideologiebildung der Arbeiterparteien eingingen, die sich gegen Ende des Jahrhunderts zur Massenbewegung herausbildeten, unterblieb dies bei den Arbeiten, die das Leben Marx' seit 1870 weitgehend bestimmten – seinen Arbeiten über Rußland.

Für ihn war Rußland der reaktionäre, stagnierende »Osten« Hegelscher Prägung gewesen, bis er 1869–1870 mit immer mehr russischen Emigranten bekannt wurde, die ihm von der im Zarenreich bevorstehenden Revolution berichteten. Zugleich erfuhr er, daß seine Schriften, selbst das »Kapital«, ins Russische übersetzt im Umlauf seien. Sein Bild des Ostens brach zusammen, weshalb er die

---
105 Engels, MEW 20, 1962, S. 261–262

Arbeit am »Kapital« abbrach und seit 1871 alles über die Agrarreform von 1861, die Agrarstruktur Rußlands und die Lage der arbeitenden Klassen in diesem Lande Erhältliche durcharbeitete. Hierbei kamen ihm bald Zweifel über sein Asienbild.

Dem jungen russischen Gelehrten Kovalevskij, der ihn 1875 um Rat fragte hinsichtlich der Thematik, der er sich zuwenden solle, empfahl er daher, einen Vergleich der Dorfgemeinden und des Grundeigentums in Indien, Algerien und Amerika vorzunehmen. Kovalevskij publizierte seine diesbezüglichen Studien 1879 in Moskau[106] und schickte Marx ein Exemplar der Arbeit, der sie interessiert durcharbeitete und ein umfassendes Exzerpt anlegte, in dem er kein Wort mehr über die »asiatische Produktionsweise« verlor. Hatte er 1853–1854 das fehlende Privateigentum an Grund und Boden als Ursache aller von Europa abweichenden Erscheinungen angesehen, so handeln die mehr als achtzig Seiten des Exzerptes von nichts anderem als von den verschiedenen Formen des privaten Grundeigentums im Orient. Analoge Exzerpte von ihm aus drei weiteren Werken sind publiziert:
1. J. Lubbock: The Origin of Civilization and Primitive Condition of Man. London 1870
2. L. H. Morgan: Ancient Society. London 1877
3. J. B. Phear: The Aryan Village in India and Ceylon. London 1880.

In den Notizen zu Kovalevskij verweist Marx auf jenen Duperron, der 1778 Bernier widerlegt hatte, und schrieb: »Duperron... d. erste, der einsieht, daß in Indien nicht d. Großmoghul der einzige Grundeigentümer«[107]. Wenn man bedenkt, daß Marx 25 Jahre zuvor dem »Orientalisten« Bernier auf den Leim gegangen war, wird sein Stoßseufzer in den Notizen verständlich: »Keine Spur von Verwandlung des ganzen eroberten Landes in Domanialeigentum. Die lausigen ›Orientalisten‹ etc. beziehen sich umsonst auf d. Stellen d. Koran wo gesprochen von d. Erde als gehörig ›zum Eigenthum Gottes‹[108].« Zugleich verwirft er sarkastisch Phears Versuch, »mangels einer besseren Bezeichnung« die indische Dorfverfassung als

---
106 Kovalevskij, 1879
107 Harstick, 1977, S. 77
108 Harstick, 1977, S. 61

»feudal« einzuordnen: »Dieser Esel Phear nennt d. Constitution d. village feudal«[109].

Leider ist Marx nicht dazu gekommen, seine neuen Erkenntnisse des Jahrzehnts von 1870 bis 1880 in systematischer Form darzustellen. Über seine Absichten vermerkte Engels im Vorwort zum dritten Band des »Kapital«: »Bei der Mannigfaltigkeit der Formen sowohl des Grundbesitzes wie der Ausbeutung der ackerbauenden Produzenten in Rußland, sollte im Abschnitt über die Grundrente Rußland dieselbe Rolle spielen wie im Buch I, bei der industriellen Lohnarbeit, England. Leider ist ihm die Ausführung dieses Plans versagt (geblieben)«[110] Nur in einigen Notizen und in drei Entwürfen einer Antwort an Vera I. Sassulitsch erscheinen die Schlußfolgerungen, daß es »... auch in den historischen Formationen eine ganze Reihe von primären, sekundären, tertiären etc. Typen« gibt[111].

Marx fuhr selbst nach Algerien, um die dortigen Agrarverhältnisse kennenzulernen, starb aber kurz nach seiner Rückkehr, so daß nur flüchtige Briefnotizen aus jener Zeit geblieben sind. Friedrich Engels, der es sich zur Lebensaufgabe machte, den Nachlaß seines Freundes aufzuarbeiten, gestaltete seinen »Ursprung der Familie, des Privateigentums und des Staates«[112] nach dem Exzerpt aus Henry Morgans »Ancient Society«. Er spricht darin nicht von Formationen oder Produktionsweisen, sondern von drei Hauptformen des Staates, die aus der Gentilordnung entstanden seien.

Schlußfolgerungen für die Revolutionstheorie haben Marx und Engels aus den neuen Erkenntnissen über Rußland in der »Vorrede zur zweiten russischen Ausgabe des ›Manifests der Kommunistischen Partei‹«[113] zu ziehen versucht:

»Rußland bildet die Vorhut der revolutionären Aktion in Europa. Das ›Kommunistische Manifest‹ hatte zur Aufgabe, die unvermeidlich bevorstehende Auflösung des modernen bürgerlichen Eigentums zu proklamieren. In Rußland aber finden wir, gegenüber rasch aufblühendem kapitalistischen Schwindel und sich eben erst entwickelndem bürgerlichen Grundeigentum, die größere

---

109 Krader, 1972, S. 265
110 Engels, MEW 21, 1963, S. 27
111 Marx, MEW 19, 1962, S. 386
112 Engels, MEW 21, 1962
113 Engels, MEW 19, 1962, S. 296

Hälfte des Bodens im Gemeinbesitz der Bauern. Es fragt sich nun: Kann die russische Obschtschina, eine wenn auch stark untergrabene Form des uralten Gemeinbesitzes am Boden, unmittelbar in die höhere des kommunistischen Gemeinbesitzes übergehn? Oder muß sie umgekehrt vorher denselben Auflösungsprozeß durchlaufen, der die geschichtliche Entwicklung des Westens ausmacht? Die einzige Antwort hierauf, die heutzutage möglich, ist die: Wird die russische Revolution das Signal einer proletarischen Revolution im Westen, so daß beide einander ergänzen, so kann das jetzige russische Gemeineigentum am Boden zum Ausgangspunkt einer kommunistischen Entwicklung dienen«.[114]

Die Revolution blieb sowohl in Rußland wie in Westeuropa aus. In Westeuropa hatte das Massaker von Paris abschreckende Wirkung, und auch in Rußland übernahm die Bourgeoisie faktisch die Gewalt. Der russische Revolutionär Plechanow stellte in der Auseinandersetzung mit den »Narodniki« fest: »Rußland hat den kapitalistischen Weg beschritten«.[115]

Überblickt man das Lebenswerk von Marx und Engels, so tritt deutlich hervor, daß sie sich vor allem mit dem sozialen und ökonomischen System auseinandersetzten, in dem sie lebten, dem Kapitalismus Europas. Ihre Analysen dieser Gesellschaftsordnung berechtigen, sie als bedeutende Wissenschaftler zu bezeichnen, an deren Werk auch in Zukunft keine ernstzunehmende Sozialwissenschaft vorbeigehen kann. Daß sie in manchem geirrt haben, ändert daran nichts, sondern ist ein Wesenszug jeder wissenschaftlichen Arbeit, dessen sie sich durchaus bewußt waren. Ihre Analyse galt dem Kapitalismus des 19. Jahrhunderts. Aus dieser notwendigen Beschränkung resultieren mehrere ihrer Fehleinschätzungen wie auch die relativ geringe Rolle, die die außereuropäische Welt in ihren Arbeiten spielt.

Zwar hat Marx in seinen oben erwähnten Kommentaren zur Lage in Indien den Kolonialismus scharf kritisiert und auf eine bessere Zukunft für Indien gehofft, aber diese Gedanken wurden nicht ausgearbeitet. Nur in einem Brief an Karl Kautsky von 1882 äußerte sich Engels über die Perspektiven des Orients im Falle einer

---
114 Marx und Engels, MEW 19, 1962, S. 296
115 Plechanow, n. Lenin, 1946, S. 22

Revolution in Europa: »Meiner Ansicht nach werden die eigentlichen Kolonien, d. h. die von europäischer Bevölkerung besetzten Länder, Kanada, Kap, Australien, alle selbständig werden; dagegen die bloß beherrschten, von Eingeborenen bewohnten Länder, Indien, Algier, die holländischen, portugiesischen und spanischen Besitzungen, vom Proletariat vorläufig übernommen werden und so rasch wie möglich der Selbständigkeit entgegengeführt werden müssen. Wie sich dieser Prozeß entwickeln wird, ist schwer zu sagen. Indien macht vielleicht Revolution, sogar sehr wahrscheinlich, und da das sich befreiende Proletariat keine Kolonialkriege führen kann, werde man es gewähren lassen müssen, wobei es natürlich nicht ohne allerhand Zerstörung abgehen würde, aber dergleichen ist eben von allen Revolutionen unzertrennlich. Dasselbe könnte sich auch noch anderwärts abspielen, z. B. in Alghier und Ägypten, und wäre für uns sicher das beste. Wir werden genug zu Hause zu tun haben. Ist Europa erst reorganisiert und Nordamerika, so gibt das eine so kolossale Macht und ein solches Exempel, daß die halbzivilisierten Länder ganz von selbst ins Schlepptau kommen; das besorgen allein schon die ökonomischen Bedürfnisse. Welche sozialen und politischen Phasen aber diese Länder dann durchzumachen haben, bis sie ebenfalls zur sozialistischen Organisation kommen, darüber, glaube ich, können wir heute nur ziemlich müßige Hypothesen aufstellen. Nur das eine ist sicher: das siegreiche Proletariat kann keinem fremden Volk irgendwelche Beglückung aufzwingen, ohne damit seinen eignen Sieg zu untergraben«[116].

Er kam damit in vielen Zügen den Realitäten des 20. Jahrhunderts nahe. In diesem Brief ist auch bereits die Erkenntnis enthalten, weshalb die Hoffnung auf eine Revolution in den entwickelten Ländern gescheitert war.

---

116 12.9.1882. Engels, MEW 35, 1967, S. 357–358

IX. Der Antichrist des 20. Jahrhunderts und die »Schwärmer« unserer Zeit

Im Rückblick erscheint das 20. Jahrhundert wie die Zeit des angekündigten Antichrist – von der Gewalt auf den Straßen über die Kolonial- und Weltkriege bis hin nach Auschwitz und Hiroshima. Mord und Terror durchziehen alle Jahrzehnte. Hunger und Krankheit fordern beständig Millionen Menschenleben, und in den Kriegen wurden mehr als hundert Millionen Leben geopfert. Wer wagt da noch an ein besseres Jahrtausend zu denken außer berufsmäßigen Lobrednern von Macht und Gewalt? Die Hoffnungen des 19. Jahrhunderts sind dahin, und nur Epigonen sind geblieben. Selbst ihre Träume sind schwach und farblos geworden, je mehr von dem Jahrhundert verging.

1. Die blutige Persiflage

Die joachimitische Sehnsucht nach dem Dritten Reich Gottes auf Erden erlebte im »Dritten Reich« Hitlers seine blutdurchtränkte Persiflage.

Es begann mit der Negation der »zweitausendjährigen Lüge« des Christentums durch Friedrich Nietzsche (1844–1900), dessen sympathischster Zug die vom Ekel vor so viel deutsch-nationalem Chauvinismus bewirkte Abkehr vom Antisemitismus des Kreises um Wagner war. Ihn wegen seiner Predigt von der »blonden Bestie« schlechthin für den Urvater des deutschen Faschismus zu halten, ist sicher unberechtigt, so sehr Hitlers Barden sich auch auf Nietzsche beriefen. Der Philosoph versuchte nicht, an eine bessere Welt christlicher oder sozialistischer Prägung zu glauben, und das 20. Jahrhundert hat ihn wahrlich nicht Lügen gestraft. Es hat die so oft beschworene Moral tausendfach mit Füßen getreten und ist in der Praxis Nietzsche gefolgt, die Macht »jenseits von Gut und Bösen« auszuüben. Sein »Übermensch« erschien als »blonde (SS-) Bestie« in Dachau und Auschwitz oder als Bomberpilot über Nagasaki; er war real. Ihn zu verneinen, fällt nicht schwer, ist aber so unwirksam wie wohlklingend. Nietzsche berief sich auf Zarathuschtra und wollte zugleich dessen Periodendenken durchbrechen. Im Gegensatz zu Nietzsche hoffte Henrik Ibsen (1828–1906) auf ein kommendes Drittes Reich der Vereinigung von Griechentum und christlicher Moral. Das »Dritte Reich« wurde zum Gegenstand von Romanen, so aus der Feder von Johannes Schlaf, der sich auf Nietzsche und Stirner berief. Felix Holländer schildert in dem »Weg des Thomas Truck« dessen vergeblichen Kampf eines Einzelnen um den Weg in das Geist-Reich, ein Kampf, der im verzweifelten Selbstmord endet. Der Autor gehörte der konservativen »Neuen Gemeinschaft« an, die das Germanentum als den Sieger über Griechen und Christen propagierte.

Zu dieser Gruppe gehörte auch Arthur Moeller van den Bruck (1876–1925), der das ins Deutsche übertragene Werk Dostojewskis herausgab. Hierbei stieß er auf die Predigt des Russen, nach der das um Moskau, das Dritte Rom, gescharte russische Bauernvolk die Welt neu ordnen würde. Das mag für ihn Anlaß gewesen sein, das Tausendjährige Reich analog auf die Germanen zu beziehen. Sein mehrfach aufgelegtes Buch »Das dritte Reich« bezog die alte Legende auf die deutsche Geschichte und nahm das »Dritte Reich« als eine Utopie, als einen »Weltanschauungsgedanken, der über die Wirklichkeit hinaushebt«[117]. Er war ein Konservativer, der den Nazis ein zweifaches Schlagwort lieferte, das Dritte Reich und das Tausendjährige Reich; ihn jedoch einen Faschisten zu nennen, wäre voreilig, wenngleich er auch zu ihren Wegbereitern gehörte, deren Phrasen in Nürnberg oder Berlin die Todesschreie von den Schlachtfeldern und aus den Konzentrationslagern übertönten. Aber jener Zeit fehlte es nicht an enthusiastischen Träumern, die an das Gute im Menschen glaubten.

---

117 Moeller van den Bruck, 1930, Vorwort VII

2. Der Traum von der Abrüstung

Die letzten Jahrzehnte des 19. Jahrhunderts sahen die Arbeiterparteien der II. Internationale, gegründet 1889, im Aufstieg begriffen. Die Parteien überstanden selbst die Versuche der preußischdeutschen Regierung unter Bismarck, die Sozialdemokratie mit Hilfe der Polizei zu unterdrücken. Als Bismarck dies als Fehler erkannte, bezog er die SPD in den sich entwickelnden deutschen Parlamentarismus ein und kam ihren Forderungen mit ersten Sozialgesetzen entgegen.

Ähnlich verlief die Entwicklung in den anderen Staaten Westeuropas. Rußland hingegen blieb bei der terroristischen Variante des Kampfes um die Macht. Dies war die Ursache für die schließliche Trennung der Wege der Arbeiterbewegung in Ost- und Westeuropa. Während sich die westeuropäischen Arbeiterparteien trotz aller Opposition in das System integrierten, konnte der Konflikt in Rußland nur gewaltsam gelöst werden.

Die »entwickelten« Staaten Europas und die USA steuerten in jenen Jahrzehnten dem 1. Weltkrieg unaufhaltsam entgegen. Frankreich strebte einen Revanchekrieg an und gewann Rußland, den alten Verbündeten Preußens, für eine Entente mit den Briten, da sich alle drei von dem aufsteigenden Deutschland in ihren Interessen bedroht fühlten. Die USA warteten auf eine günstige Gelegenheit zum Eingreifen.

Die sich immer klarer abzeichnende Gefahr eines mörderischen Krieges ließ eine alte Variante der Utopien neu aufblühen, die Hoffnung auf einen stabilen Frieden durch Abrüstung. Die prominentesten Sprecher einer Friedensbewegung in Europa waren eine junge Österreicherin und ein schwedischer Industrieller: Bertha von Suttner und Alfred Nobel.

Bertha von Suttner stammte aus der Familie der Grafen Kinsky, einer Offiziersfamilie. Ihr Vater war k.u.k. Feldmarschalleutnant gewesen. Sie berichtete später selbstkritisch, daß sie die ersten drei Jahrzehnte ihres Lebens als Dame der höheren Gesellschaft vertändelt habe, ungerührt von den ihr fernen Schrecken der Kriege von 1866 und 1871, bis zwei persönliche Erlebnisse ihren Lebensweg jäh änderten.

1876, als Erzieherin der drei Töchter des Barons Suttner, entwickelte sich eine für sie überraschende Liebesbeziehung zu dem sieben Jahre jüngeren Sohn des Barons, Arthur, und sie floh vor dieser von den Eltern des Mannes abgelehnten Verbindung nach Paris. Ihr war eine Stelle bei dem schwedischen Waffenfabrikanten Alfred Nobel angeboten worden. Der Aufenthalt in Paris war nur kurz, reichte jedoch, um eine lebenslange Freundschaft zwischen beiden herzustellen. Sie kehrte nach Wien zurück und ging eine heimliche Ehe mit dem geliebten Arthur ein. Um sich dem Zorn der Familie des Barons zu entziehen, begab sich das junge Paar in den Kaukasus und nahm die Einladung einer georgischen Fürstin an, bei ihr zu wohnen. Hier nun erlebte Bertha von Suttner den größten Schrecken ihres Lebens.

Der russisch-türkische Krieg (1877–1878) überschwemmte Tiflis mit Verwundeten und Sterbenden, und die Gefahr des Ausbruchs von Epidemien bedrohte die Stadt. Auch im Haus der Suttners waren Opfer des Krieges untergebracht, und die unter dem Einfluß ihres Mannes zur Schriftstellerei gekommene Bertha erfaßte das Grauen vor dieser Seite ihrer Welt. Sie schrieb einen Antikriegsroman mit dem Titel »Die Waffen nieder«. Die Zeitungen lehnten ihr Manuskript ab, und es gelang ihr nur mit großer Mühe, ihren Verleger Pierson zu bewegen, den Roman zu drucken. Er wurde dann zum Geschäft seines Lebens, da die Auflagen bald die Hunderttausend überschritten und Übersetzungen in nahezu alle Weltsprachen folgten.

Der Roman schildert am Schicksal einer Familie im Kriege von 1866 mit unerbittlichem Realismus die Schrecken und den Irrsinn des Krieges. Die darin verwobene, etwas sentimentale Liebesgeschichte zwischen den Haupthelden trug zum Erfolg des Buches bei, da sie dem Geschmack der Zeit entsprach. Der Roman war kein literarisches Meisterwerk, wohl aber ein mutiges Bekenntnis zu Humanismus und Frieden gegen die vorherrschende Stimmung des Chauvinismus und Militarismus, das selbst den Zaren Nikolaus dazu bewogen haben soll, auf der nicht zuletzt durch das Buch der Suttner möglich gewordenen ersten Friedenskonferenz in Den Haag für eine allgemeine Rüstungskontrolle und den Abbau internationaler Spannungen einzutreten.

Bertha von Suttner, aufgewühlt durch ihre Erlebnisse im Kaukasus, war bei einem Besuch in Paris sowohl mit dem Revanchegerede in den Salons wie mit dem Humanisten Alphonse Daudet bekannt geworden, in dessen Kreis sie von der »International Peace and Arbitration Association« hörte, der sie sich sofort anschloß in der Hoffnung, daß das von dieser Bewegung geforderte internationale Schiedsgericht neue Kriege verhindern werde. 1890–1891 hielt sich das Ehepaar Suttner in Venedig auf und erfuhr dort von der Bildung einer Gruppe der Friedensfreunde im italienischen Parlament. Nach Wien zurückgekehrt, riefen sie zur Gründung einer interparlamentarischen Gruppe gleicher Zielsetzung auf.

Arthur von Suttner, der vielleicht zu Unrecht im Schatten seiner Frau steht, erwarb eigenes Verdienst durch die Gründung eines »Vereins zur Abwehr des Antisemitismus«, wozu es in Wien besonderen Mutes bedurfte, da der Oberbürgermeister der Stadt, Lueger, als Wortführer dieses später so mörderischen Wahns in sein Amt gewählt worden war.

Ein Aufruf Bertha von Suttners in der Presse, der Friedensbewegung beizutreten, hatte Erfolg und brachte schon bald 2000 Menschen dazu, Mitglieder zu werden. So führte sie die Österreicher in die sich entwickelnde Friedensbewegung. Dies war der Hintergrund ihres Antikriegsromans, dessen Erarbeitung sie selbst folgendermaßen begründete: »Der Friedensliga wollte ich einen Dienst leisten – wie konnte ich das besser tun, als indem ich ein Buch zu schreiben versuchte, das ihre Ideen verbreiten sollte? Und am wirksamsten, so dachte ich, konnte ich das in Form einer Erzählung tun. Dafür würde ich sicherlich ein größeres Publikum finden als für eine Abhandlung. In Abhandlungen kann man nur abstrakte Verstandesgründe legen, kann philosophieren, argumentieren und dissertieren; aber ich wollte anderes: ich wollte nicht nur, was ich dachte, sondern was ich fühlte – leidenschaftlich fühlte, in mein Buch legen können, dem Schmerz wollte ich Ausdruck geben, den die Vorstellung des Krieges in meine Seele brannte; Leben, zuckendes Leben – Wirklichkeit, historische Wirklichkeit wollte ich vorführen, und das alles konnte nur in einem Roman, am besten in einem in Form der Selbstbiographie geschriebenen Roman, geschehen. Und so ging ich hin und verfaßte ›Die Waffen nieder‹«[118].

---

118 Von Suttner, 1960, S. 92

Über ihren Presseaufruf von 1891 berichtete sie später, daß er in der »Neuen Freien Presse« abgedruckt wurde. Sie schrieb:»Die Dinge stehen so: Millionenheere – in zwei Lager geteilt, waffenklirrend – harren nur eines Winkes, um aufeinander loszustürzen; aber in der gegenseitigen, zitternden Angst vor der unermeßlichen Furchtbarkeit des drohenden Ausbruchs liegt einigermaßen Gewähr für dessen Verzögerung. Hinausschieben ist jedoch nicht aufheben. Die sogenannten ›Segnungen‹ des Friedens, welche das bewaffnete Angstsystem zu erhalten strebt, die werden uns immer nur von Jahr zu Jahr garantiert, immer nur als ›hoffentlich‹ noch einige Zeit vorhaltend hingestellt. Von der Abschaffung des Krieges, von gänzlicher Aufhebung des Gewaltprinzipes, davon wollen die zur ›Aufrechterhaltung des Friedens‹ waffenbrüderlich verbündeten Gewalten nichts wissen. Der Krieg ist ihnen heilig, unausrottbar, und man darf ihn nicht wegdenken wollen; er ist ihnen aber auch angesichts der Dimensionen, die eine künftige Konflagration entfalten wird, furchtbar, vor dem eigenen Gewissen unverantwortbar, also darf man ihn nicht anfangen«.[119]

Sie war bereits auf das Hauptproblem ihres Kampfes gestoßen, die »… zur Aufrechterhaltung des Friedens waffenbrüderlich verbündeten Gewalten«. Zwar fand sie Freunde und Mitstreiter an vielen Orten und erreichte mit dem Haager Friedenskongreß das Manifest Nikolaus' II., der eine Begrenzung der Rüstungen als Voraussetzung späterer Abrüstungsschritte vorschlug – ein aktuelles Programm, das auf den offenen Widerstand Deutschlands und auf die Skepsis Österreichs stieß und scheiterte.

Der Urheber desselben rief auch in der Arbeiterbewegung verständliches Mißtrauen hervor, da sie Nikolaus als Exponenten eines aggressiven Unterdrückungsregimes bekämpfte. Die marxistische Arbeiterbewegung setzte auf die internationale Solidarität der Arbeiterklasse und träumte von der Verhinderung des drohendes Krieges durch einen Generalstreik. Bertha von Suttner versuchte den anerkannten Führer der Sozialdemokratie, August Bebel, für die Unterstützung des Zarenmanifests zu gewinnen, doch dieser antwortete in einem Brief skeptisch, wenn auch liebenswürdig:

---

119 Von Suttner, 1960, S. 119

»Die Sozialdemokratie steht dem dem Manifest zugrunde liegenden Gedanken sympathisch gegenüber. Sie ist bisher im deutschen Reichstag die einzige Partei gewesen, die der Entwicklung des Militarismus fast mit denselben Worten wie der russische Kaiser entgegengetreten ist; sie vertritt allein und konsequent die Idee der Völkerverbrüderung zwecks Förderung der gemeinsamen Kulturaufgaben der Menschheit.

Daß nun der Monarch eines Reiches wie das russische, dessen Politik bisher die Entwicklung des Militarismus mit in erster Linie förderte und notwendig machte, nunmehr als ein Gegner auftritt, ist hoch anerkennenswert, kann uns aber nicht verhindern, dem Vorhaben mit einem gewissen Mißtrauen zu begegnen, bis nicht durch entsprechende Taten bewiesen wurde, daß dieses ungerechtfertigt ist. Die Einberufung der Konferenz mit dem bekannten, neuerdings veröffentlichten Programm genügt dazu noch nicht.

Auch sind es jedenfalls sehr gewichtige innere politische Gründe, die die russische Regierung veranlaßten, die Vertretung des kaiserlichen Planes zu übernehmen, was andernfalls kaum geschehen wäre. Auch ein absolut regierender Kaiser ist noch nicht allmächtig.

Aus den kurz hier angeführten Gründen steht die Sozialdemokratie einer Agitation im Sinne des kaiserlichen Manifestes kühl gegenüber ... Ich glaube daher, daß es im beiderseitigen Interesse liegt, in dieser Angelegenheit getrennt zu marschieren ...«.[120]

Zu den Freunden Bertha von Suttners zählten Leo Tolstoi, Henryk Sienkiewicz, C. F. Meyer und besonders ihr alter Bekannter Alfred Nobel, mit dem sie seit jenem kurzen Zusammentreffen in Paris in Verbindung geblieben war. Auch ihn hatte ihr Roman »Die Waffen nieder« vollends für ihre Ideen gewonnen, so widersprüchlich dies bei einem der großen Waffen- und Sprengstoffproduzenten anmuten mag. Das Presseecho auf den Tod seines Bruders, der mit ihm verwechselt und wegen der Erfindung des Dynamits ein vielfacher Mörder genannt worden war, und von Suttners Mitteilungen haben wesentlich zu seinem Beschluß beigetragen, sein Vermögen nicht seinen Erben zu hinterlassen, sondern es für jene Nobelpreise zu stiften, von denen er sich die Förderung

---

120 Von Suttner, 1960, S. 20–21

einer friedlichen Entwicklung der Menschheit versprach: die Preise für Physik, Chemie, Medizin, Literatur und »... für denjenigen oder diejenigen, welcher oder welche am besten für die Verbrüderung der Menschheit, die Herabminderung der Heere und die Förderung von Friedenskongressen gewirkt hat«.[121]

Diesen seit 1901 verliehenen Friedensnobelpreis hat wohl niemand so sehr verdient wie seine Trägerin von 1905, Bertha von Suttner, die den Zusammenbruch all ihrer Hoffnungen nicht mehr erleben mußte. Sie starb am 21. Juni 1914, und mit ihr starb (vorerst?) die Hoffnung auf einen Frieden der Menschlichkeit und der Vernunft. Auch die oft beschworene Solidarität der Arbeiterparteien zerbrach im chauvinistischen Taumel des 1. Weltkrieges, und die Führer der europäischen Sozialdemokratie wurden bis auf wenige Ausnahmen »Vaterlandsverteidiger«.

3. Die idealisierte Antike als Gesellschaftsmodell

Das 19. Jahrhundert kannte neben dem kommunistischen Ideal auch andere Gesellschaftsmodelle, die zum Teil verdeckt, zum Teil offen vorgetragen wurden. Sie traten zumeist als historische Darstellungen auf und brachten die Interessen unterschiedlicher Schichten zum Ausdruck. Sie repräsentierten ganze Strömungen in der Vorstellungswelt europäischer Bildungstradition, die auch im 20. Jahrhundert fortgeführt wird. Eine unheilvolle Rolle sollten die im 19. Jahrhundert noch begrenzt auftretenden Strömungen des Rassismus und Antisemitismus spielen, die der Franzose Graf de Gobineau und der Brite Chamberlain in Deutschland populär machten und damit z. B. im Kreise Richard Wagners begeisterte Schüler fanden. Zur paranoiden Utopie einer Gesellschaftsumstrukturierung sollten beide Strömungen im »Dritten Reich« werden, während nirgends versucht wurde, eine »Utopie« des Bildungsbürgertums, das Ideal der Antike, zu realisieren. Diese Idealisierung der Antike geht in die Renaissance zurück und erreichte eine neue Blütezeit im späten 19. Jahrhundert.

Einer ihrer Repräsentanten, der Althistoriker Theodor Momm-

---

121 Von Suttner, 1960, S. 121

sen (1810–1903), war Politiker genug, um am Ende seiner Tage zu erkennen, daß er sein Ziel, durch die Idealisierung des römischen Kaiserreiches ein liberales Imperium Deutschland mitzugestalten, verfehlt hatte. Er stammte aus Schleswig und stand unter dem Einfluß Heinrich Heines und Georg Herweghs. In Kreisen des Hamburger Bürgertums kam er 1843–1844 zum erstenmal mit sozialistischen Gedanken in Kontakt, schloß sich aber als damals noch dänischer Staatsbürger den nationalen Aspirationen der »Großdeutschen« an, obwohl er bei seiner ersten Reise in den Süden das Grab Börnes in Paris und die Stätten der Julirevolution besuchte.

Das Jahr 1848 sah ihn auf dem gemäßigten Flügel der demokratischen Bewegung in Leipzig. Er wurde 1850 verhaftet und seiner Professur enthoben. Nach vier Jahren in Breslau wieder eingestellt, wandte er sich öffentlich gegen Friedrich Wilhelm IV. und schloß sich den Liberalen an. Auch als er in Anerkennung seines großen wissenschaftlichen Werkes zur lateinischen Paläographie an die Berliner Akademie berufen wurde, blieb er politisch tätig und schloß sich der »Deutschen Fortschrittspartei« an. Er vertrat die Liberalen mehrere Jahre im Preußischen Landtag und trat dem aufkeimenden Antisemitismus konsequent entgegen.

Als die »Deutsche Fortschrittspartei« ihren Frieden mit Bismarck schloß, trat Mommsen aus ihren Reihen aus, da die regierende »agrarische Gaunerbande«, die auf Raub ausziehe, ihm zutiefst verhaßt war. Er unterstützte allerdings das »Sozialistengesetz« Bismarcks und schrieb 1884 in einer Koburger Zeitung: »Über die Schwere der Gefahr, welche unserer ganzen Zivilisation in der sozialistischen Bewegung droht, täuscht sich niemand, dem das Vaterland wirklich das Höchste und Letzte ist, mit allen anderen Parteien kann man sich vertragen und unter Umständen paktieren. Mit dieser nicht.«[122].

Im Jahre 1902 schrieb er hingegen: »Das natürliche und jetzt mehr als je gebotene Zusammengehen zwischen dem ehrlichen Freisinn und den durch die Habsucht der Interessencliquen gedrückten und zum Theil erdrückten, grollenden Arbeitermassen muß in die That umgesetzt werden. Es darf nicht mehr geschehen, daß der Freisinnige dem unverschämten oder verschämten Re-

---

122 Hartmann, 1908, S. 124

aktionär seine Stimme lieber gibt als dem Sozialdemokraten.« Er wandte sich in diesem Beitrag gegen den »Absolutismus eines Interessenbundes des Junkerthums und der Kaplanokratie«, dessen »verbündete Interessen niedrigster Art darüber entscheiden«, wie »der Staatsbürger auszubeuten ist und die Wissenschaft (zu) knebeln...«[123].

Was hatte diesen Gesinnungswandel bewirkt? Theodor Mommsen hatte neben seiner aktiven Tätigkeit in der Politik und dem umfangreichen wissenschaftlichen Werk zur römischen Epigraphie eine viel gelesene »Römische Geschichte« geschrieben, deren erste drei Bände 1856 vorlagen. Sie riefen bereits damals die Kritik Wilhelm Arendts hervor, der schrieb: »Das Buch zieht mich ungemein an, hat treffliche Partien; aber modernisiert mir zu sehr die Römer...

Der Parallelismus liegt in der Natur der menschlichen Dinge, unter Mommsens Händen aber wird er Identität und das ist er nicht«.[124]

Mommsen wollte seiner Zeit bewußt ein Vorbild setzen, den preußisch-deutschen Staat nach einem Ideal umbilden, indem er das Römische Kaiserreich verklärte. Er muß sich dessen zumindest teilweise bewußt gewesen sein, als er schrieb: »Wer Geschichte, insbesondere Geschichte der Gegenwart schreibt, hat die Pflicht politischer Pädagogik, er soll denen, für die er schreibt, ihre künftige Stellung zum Staat weisen« und bestimmen helfen«.[125]

Bei aller Wissenschaftlichkeit des Details war seine »Römische Geschichte« eine politische Utopie, und er erkannte zu Beginn des 20. Jahrhunderts, daß er in seinem Unterfangen gescheitert war. Er sah im Kurs der Reichsregierung einen in der »Vollziehung begriffenen Staatsstreich« der Reaktion, gegen den nur noch die Einheitsfront aller Patrioten einschließlich der Sozialdemokraten helfen könne. Er bewunderte sowohl den Führer der Sozialdemokraten, August Bebel, wie die Disziplin ihrer Mitglieder, obwohl er für ihre Ziele nichts übrig hatte. Er schrieb: »Aber es ist leider wahr, zur Zeit ist dies die einzige große Partei, die Anspruch auf politische Achtung verdient«.[126]

---

123 Mommsen, 1902, S. 163–164
124 Brief an Johann Gustav Droysen vom 11. Januar 1856. s. Droysen, 1929, S. 389
125 Wucher, 1956, S. 25
126 Mommsen, 1901, S. 163–164

Der Appell verfehlte sein Ziel, und Mommsen wandte sich in seinem »Testament« verzweifelt von den Deutschen ab. Er muß das kommende Elend vorausgeahnt haben, den Marsch in die Kriege und die Herrschaft der extremen Reaktion.

4. Die siebzig Jahre des »Dritten Rom«

Das Völkermorden des 1. Weltkrieges war letztlich der Kampf um die Weltherrschaft zwischen den entwickelten Ländern mit dem letzten Mittel der Politik, dem Krieg. England, Frankreich, Rußland, Deutschland, die Niederlande, Belgien und Amerika hatten die Welt weitgehend unter sich aufgeteilt, und bis auf China, Japan, den Iran und die Türkei waren nahezu alle außereuropäischen Länder Kolonialgebiete europäischer Mächte und der USA. Der Krieg wurde bis zum Zusammenbruch der Konkurrenten geführt, und die Sieger, denen sich Japan noch rechtzeitig angeschlossen hatte, teilten die Beute untereinander auf. Österreich-Ungarn zerfiel, Deutschland verlor seine Kolonien und seine eroberten Slawengebiete im Osten, und der Türkei wurden ihre arabischen Provinzen entrissen. Die Geschlagenen gingen als Nationalstaaten aus dem Krieg hervor und waren erbittert über die Verluste, über die sie eigentlich hätten froh sein müssen. Die in diesem Zusammenbruch aufkeimenden Revolutionen wurden blutig niedergeschlagen und die jeweilige Bourgeoisie auf die Entwicklung der Industrie und des Bankwesens im eigenen Lande als Weg des Wiederaufbaus verwiesen.

Erhebungen in den Kolonien fanden ein blutiges Ende. Die westlichen Siegermächte dehnten ihre Macht über Südasien aus und hofften auf den Zerfall ihres einstigen Verbündeten Rußland. Sie landeten Truppen in der Ukraine, in Archangelsk und Wladiwostok und drangen in den Kaukasus und nach Mittelasien vor, doch mußten sie sich letztlich zurückziehen und das einstige Zarenreich sich selbst überlassen. Das dort herrschende Chaos drohte auch die Interventionsarmeen zu verschlingen, und Gewinne waren auf lange Sicht nicht zu erwarten.

Rußland war als erste der kriegführenden Mächte am Ende gewesen. Seine Armeen waren geschlagen und zerfielen seit dem Herbst

1916 trotz drakonischer Strafexpeditionen. Im folgenden Jahr stürzte die Dynastie, die vielen als Ursache des allgemeinen Elends in diesem Imperium erschienen war. Das Zarenreich in seiner Gestalt von 1914 war zum einen eine Kolonialmacht mit einem entwickelten Zentrum und vielen unterentwickelten Kolonien – wie England und Frankreich –, zum anderen trennten es große Unterschiede von den Partnern der Entente. Die Kolonien Englands und Frankreichs lagen fern der Zentren jenseits der Meere und waren zumeist »fremdvölkische« Ausbeutungsgebiete. Nordamerika, die Hauptansiedlungskolonie europäischer Emigranten, war längst von seinen europäischen »Mutterländern« abgefallen und nahm die Bevölkerungsüberschüsse des alten Kontinents nahezu unbegrenzt auf. Das schwerer erschließbare Kanada und das ferne, dünnbesiedelte Australien mit Neuseeland blieben zwar Kolonien, wurden aber faktisch als überseeische Provinzen des »Mutterlandes« behandelt.

Das russische Imperium war das Ergebnis einer Expansion der Russen vom 17. bis ins 19. Jahrhundert und von der Wolga an nach Osten und vom Don südwärts ein Konglomerat von Siedlungskolonien, Militärsiedlungen, unterworfenen Stämmen und Völkern und indirekt beherrschten Vasallenstaaten wie Georgien, Buchara und Khiwa. Militärgouverneure beherrschten große Teile des polynationalen Kaukasus sowie die Kasachen, Kirgisen und »kleinen« Völker des Nordens und Ostens. Sibirien und der »Ferne Osten«, große Teile Kasachstans, des nördlichen Mittelasiens und der Nordkaukasus dienten als Siedlungskolonien, in denen eine mehr oder weniger rein russische und ukrainische Bevölkerung angesiedelt wurde. Die Ansiedlungszonen waren zumeist Ackerbau- oder Bergbaugebiete, aus denen die ansässige Bevölkerung verdrängt oder in eine Minderheit ohne Rechte verwandelt wurde.

Aber Sibirien war nicht die USA. Die ungeheure Weite, die nahezu unbewohnbare Taiga und die eisige Tundra sowie die Wüsten des Südens begrenzten die Möglichkeit, es zu erschließen; selbst in der Gegenwart wohnen östlich des Urals nur wenig mehr als dreißig Millionen Russen.

Das Imperium war zentralistisch organisiert. Die industriell entwickelten Gebiete befanden sich im europäischen Teil Rußlands, waren jedoch nur Inseln in einem Meer von Agrargebieten, deren

Bauern unter der Last der ihnen 1861 auferlegten Ablösungssummen für die Leibeigenschaft stöhnten. Die Existenz einer parasitären Adelsschicht, deren Land zunehmend von der Bourgeoisie aufgekauft wurde, ließ die Gegensätze zwischen Arm und Reich kraß hervortreten. Die alte Dorfgemeinde, auf der die Bewegung »Naroda i Wolja«, »Volk und Freiheit«, einen nichtkapitalistischen Weg Rußlands in den Sozialismus hatte aufbauen wollen, war weitgehend verfallen. Die ökonomisch bestimmende Macht war das Bank- und Industriekapital, nicht mehr der Grundbesitzeradel, wenngleich dieser noch den Herrn im Staate spielte.

Der Zarenstaat konnte es selbst während des Krieges nicht wagen, die unterworfenen Völker des Ostens modern zu bewaffnen. Er führte den Kampf vorwiegend mit den in Uniformen gesteckten russischen und ukrainischen Bauern und Arbeitern. Nur wenige nichtrussische Volksschichten, oder genauer gesagt, deren Adelsschichten, wie die Tataren, Tschetschenen und Georgier, stellten Militärregimenter neben den Kosaken und russischen Wehrbauern. In Europa waren vorwiegend die unterworfenen Völker der Finnen, Polen und Balten unter westeuropäischem Einfluß wirtschaftlich und politisch weiterentwickelt als die das Reich beherrschenden Großrussen. Der Versuch, die Völker Mittelasiens, die »Fremdvölker«, angesichts der ungeheuren Verluste an der Front 1916 in Arbeitsbataillone zu pressen, rief einen erbitterten Aufstand hervor, dessen Niederschlagung den Tod Hunderttausender Menschen zur Folge hatte.

All dies gehörte zu den Ursachen, die zu einem Weg Osteuropas beitrug, der sich von dem der Staaten Westeuropas unterschied. War die Arbeiterschaft in Westeuropa nach dem Tode von Karl Marx Teil des bürgerlichen Systems geworden, wie dies u. a. Friedrich Engels in England beobachtet hatte, so blieben die revolutionären Bewegungen der Arbeiter, Intellektuellen, Bürger und Bauern sowie die erwachenden nationalen Bewegungen der Unterworfenen in Rußland bis in das 20. Jahrhundert im Untergrund. Ihre Anhänger wurden von den Machtorganen des Staates mit allen Mitteln verfolgt, verbannt oder ins Exil gejagt. Sie antworteten darauf mit der Gründung von Geheimbünden und griffen zur Gewalt, als sich 1905 die Chance zu bieten schien, den Zarenstaat aus den Angeln zu heben.

Eine gegensätzliche und in sich widersprüchliche Bewegung erfaßte das europäische Rußland und bezog den Kaukasus sowie Teile des »russischen« Asien in ihren Kampf ein. In ihrem Rahmen trat die Arbeiterbewegung, zumeist unter intellektueller Führung, in mehreren Strömungen zum Kampf an und scheiterte mit den anderen Revolutionären 1907, nicht zuletzt infolge der zahlreichen Gegensätze zwischen den verschiedenen Volksgruppen und ihren sozialen Interessen. Die von der Revolution in Rußland ausgelöste Revolution im Iran schlug ebenfalls fehl, während in China ihr Vorbild schließlich zum Sturz der Mandschu-Dynastie führte.

Dieser auch in anderen Kolonialreichen spürbare Zusammenhang zwischen der russischen Entwicklung und den Vorgängen in Asien und Afrika sollte das Jahrhundert mitprägen. Die Mehrheit der Völker des Zarenreiches gehörte zum »unterentwickelten« Dreiviertel der Menschheit, das von den »Entwickelten« ausgebeutet und niedergehalten wurde. Diese tagtäglich erlebte Rückständigkeit des »Ostens« vereinigte objektiv die Völker gegen die herrschenden Kolonialmächte, auch wenn sich nur die aufgeklärten Teile der Intelligenz und der Arbeiterschaft dieser Tatsache bewußt werden sollten. Vor ihnen stand das noch heute – oder sollte man schreiben: das erst recht heute – aktuelle Problem, wie eine Einheit der Menschheit im Entwicklungsniveau zu erreichen sei. Der Kapitalismus der »freien« Konkurrenz hatte die Unterschiede nur vertieft, und der sich seit dem Anfang des 20. Jahrhunderts immer stärker herausbildende Monopolkapitalismus konzentrierte die industrielle, wissenschaftliche und agrarische Entwicklung in den USA, West- und Mitteleuropa noch viel stärker, so daß durch die »freie« Marktwirtschaft kein weltweiter Ausgleich erzielt wurde, sondern die Gräben zwischen den armen Völkern – der Mehrheit – und den reichen Völkern – der Minderheit – immer tiefer wurden.

Vor diesem Hintergrund ist das mit der »Oktoberrevolution« begonnene Experiment des Aufbaus des Sozialismus zu sehen und sind seine Erfolge und letzten Endes sein Scheitern zu begreifen.

Die russische Arbeiterbewegung erwuchs aus den Geheimbünden der siebziger und achtziger Jahre des vorigen Jahrhunderts, besonders der Bewegung »Naroda i Wolja«. Sie blieb – gezwungenermaßen – bis zur ersten Revolution in der Illegalität und war nicht in der Lage, große Gewerkschaften ins Leben zu rufen, die in Westeuropa und vor allem in Deutschland viel zur Umwandlung der revolutionären Gruppen in umfassende Massenbewegungen beigetragen hatten. Vor 1905 beschränkte sich die Bewegung vorwiegend auf die Propaganda und den Versuch, die geistigen und politischen Erfahrungen Westeuropas zu studieren und zu nutzen.

Bereits zu Lebzeiten Karl Marx' waren seine Ansichten teils durch Übersetzungen seiner Schriften, teils durch Darlegung seiner Ideen in populären Büchern in Osteuropa verbreitet worden. Dadurch entstanden mehr oder weniger unterschiedliche Auslegungen, Schulen, in denen wie in West- und Mitteleuropa eine Lehre aus den Werken zweier Wissenschaftler wurde, die immer stärker vom Original abwich, je mehr sie auf völlig andere Verhältnisse angewandt anstatt zur Analyse derselben benutzt wurde.

Aus konkreten Untersuchungen wurden abstrakte Lehrsätze gefertigt, die als Marxismus verbreitet wurden, obwohl der Vordenker dieser Bewegung einst auf die Frage, ob er »Marxist« sei, mit einem Gelächter geantwortet hatte. Zu dieser Dogmatisierung seiner Auffassungen eignete sich in erster Linie jener Gedanke der Erlösung aus dem Elend dieser Welt, dem utopischen Schrifttum der Vergangenheit entnommen und geeignet, der Sehnsucht der Völker nach Hilfe und Erlösung die Aussicht auf Rettung zu bieten, während diese für wissenschaftliche Analysen ihrer Lage kaum die erforderliche Vorbildung oder Erfahrung besaßen. Die Theorien über den Mehrwert bewegten die bäuerlichen Massen Osteuropas weniger als die Forderung nach Gleichheit gegenüber der Adelsmacht und dem Großgrundbesitz. Der Appell, für die Gleichheit aller Völker einzutreten, sprach die »Minderheiten« an, die unterworfenen Völker und die Unterdrückten in den Kolonien, sofern sie lesen und schreiben konnten.

In Rußland selbst bildeten die Industriearbeiter eine kleine Minderheit, konzentriert in wenigen Zonen und nur in begrenzter Anzahl zu den Anfängen einer Bildung zugelassen. So fiel die Führung der Arbeiterbewegung und der verschiedenen agrarischen und nationalen Bewegungen Intellektuellen, Priestern und Offizieren zu, die die Krise des Zarismus zur Revolution nutzen wollten.

Die Führungsgruppe der »marxistischen« Arbeiterbewegung, der Sozialdemokratischen Partei Rußlands, war ebenfalls nicht einheitlich. Zum Führer ihres radikalen Flügels wurde Wladimir Iljitsch Uljanow, der sich nach seiner Verbannung an die Lena »Lenin« nannte.

Er hatte das Scheitern der Taktik der »Narodowolzen« in der eigenen Familie erlebt. Diese wollten den Weg Rußlands durch individuelle Attentate ändern. Lenins älterer Bruder war als Teilnehmer an einem Anschlag auf Alexander II. hingerichtet worden. Wladimir fand seine Leitidee im Marxismus und seiner Lehre vom Klassenkampf bis zur siegreichen Revolution des Proletariats und folgte ihr zeit seines Lebens. Er begriff, daß Rußland den Weg des Kapitalismus beschritten hatte, und sah in der Revolution von 1905–1907 bestätigt, daß der ungeheure Machtapparat des Zarenreiches nicht durch spontane Erhebungen zu zerschlagen war. Gestützt auf die Erfahrungen der Geheimbünde, baute er ein weitgespanntes Netz der Propaganda und eine illegale Organisation von Berufsrevolutionären auf, die zum geeigneten Zeitpunkt die Revolution organisieren und durchführen sollten. Ihm schwebte als Vorbild nicht die Pariser Kommune vor, da entsprechende Versuche in Rußland 1905–1907 gescheitert waren. Seiner Ansicht nach mußte die Revolution, wenn sie siegen sollte, staatenweit organisiert, straff geleitet und schlagkräftig sein.

Er war ein begabter Organisator und gnadenloser Polemiker in der Auseinandersetzung mit seinen Gegnern. Seine theoretischen Arbeiten aus der Vorkriegszeit befaßten sich mit dem Nachweis des kapitalistischen Charakters der russischen Verhältnisse. Er konzentrierte sich auf die Analyse der politischen Entwicklungen und propagierte seine Auffassungen über den weiteren Fortgang der Bewegung.

Die von ihm erwartete Zeit nahte im Gefolge der schweren Niederlagen der russischen Armeen 1915 und 1916, als er zu seinem Kummer in der Schweiz im Exil saß und den Ereignissen fern war. Dort hatte er sich erneut mit allgemeineren Themen befaßt und seine an die Arbeit J. A. Hobsons »Der Imperialismus«[127] angelehnte Schrift »Der Imperialismus als höchstes Stadium des Kapitalismus«[128] in Auseinandersetzung mit Rudolf Hilferding und Karl

---

127 London 1902
128 Erstmals gedruckt 1917 in Petrograd

Kautsky verfaßt – ein Versuch der Analyse der neuen Entwicklungen im Kapitalismus seit dem Tode Karl Marx'.

Weder der Begriff »Imperialismus« noch die Beobachtung, daß das Monopol- und Bankkapital im Kapitalismus zu bestimmenden Strukturen geworden waren, waren neue Erkenntnisse. Aber die Einschätzung der Vorgänge durch Lenin unterschied sich grundsätzlich von der Hilferdings und Kautskys, die im »Imperialismus« eine soziale Struktur sahen, in der eine bürgerlich-demokratische Entwicklung zu realisieren wäre, in deren Rahmen die reformierte Sozialdemokratie ihre Ziele durch Reformen und nicht durch eine Revolution verwirklichen könnte, während in den »neuen Ländern ... der Kapitalismus selbst... den Unterworfenen allmählich die Mittel und Wege zu ihrer Befreiung«[129] in die Hand gäbe.

Lenins Kritik hat heute noch Bestand. Er schrieb: »Monopol, Oligarchie, das Streben nach Herrschaft statt nach Freiheit, die Ausbeutung einer immer größeren Anzahl kleiner oder schwacher Nationen durch ganz wenige reiche oder mächtige Nationen, all das erzeugte jene Merkmale des Imperialismus, die uns veranlassen, ihn als parasitären oder in Fäulnis begriffenen Kapitalismus zu kennzeichnen. Immer plastischer tritt als eine Tendenz des Imperialismus die Bildung des ›Rentnerstaates‹, des Wucherstaates hervor, dessen Bourgeoisie in steigendem Maße vom Kapitalexport und ›Kuponschneiden‹ lebt. Es wäre ein Fehler zu glauben, daß diese Fäulnistendenz ein rasches Wachstum des Kapitalismus ausschließe; durchaus nicht; einzelne Industriezweige, einzelne Schichten der Bourgeoisie und einzelne Länder offenbaren im Zeitalter des Imperialismus mehr oder minder stark bald die eine, bald die andere dieser Tendenzen. Im großen und ganzen wächst der Kapitalismus bedeutend schneller als früher, aber dieses Wachstum wird nicht nur im allgemeinen immer ungleichmäßiger, sondern die Ungleichmäßigkeit äußert sich auch im besonderen in der Fäulnis der kapitalkräftigsten Länder (England) «.[130]

Offensichtlich überschätzte er im festen Glauben an das Kommen der Revolution die parasitären Tendenzen des Kapitalismus – auch wenn die »entwickelten« Länder die »unterentwickelte« Welt

---
129 Hilferding, 1910, S. 433
130 Lenin, 1946, S. 154–155

gerade in der Gegenwart in großem Maße durch Anleihen und Zinsen ausbeuten. Er kam trotz der Erkenntnis des »bedeutend schnelleren« Wachstums des Kapitalismus zu der in der Folgezeit widerlegten These: »Aus allem, was über das ökonomische Wesen des Imperialismus gesagt wurde, geht hervor, daß er charakterisiert werden muß als Übergangskapitalismus oder, richtiger, als sterbender Kapitalismus«.[131] Lenin setzte seine Hoffnung darauf, daß die Revolution in Rußland ausbrechen und sich Revolutionen in den »entwickelten« Ländern anschließen würden, wie er es bei Marx gelesen hatte.

In Rußland führte der Krieg Staat und Gesellschaft in eine allgemeine Krise. Die geschlagene Bauernarmee zerfiel, in Mittelasien tobte ein Aufstand, und im Kaukasus gerieten Armenier und Turkvölker aneinander. Im Februar 1917 stürzte eine Koalition vorwiegend bürgerlicher Kräfte, unterstützt von breiten Volksschichten, den Zaren, setzte dann aber den Krieg fort. Dadurch verlor sie innerhalb weniger Monate den Rückhalt im Volk und vor allem unter den Soldaten und bereitete so ihren eigenen Sturz vor. Die deutsche Heeresleitung glaubte besonders klug zu sein, als sie mit Lenin und seiner näheren Umgebung eine Vereinbarung schloß, die ihm die Rückkehr nach Rußland quer durch Deutschland erlaubte, da er für eine sofortige Beendigung des Krieges eintrat. In Petrograd angekommen, rief er die Massen zur Weiterführung der Revolution auf, doch war die Zeit dafür im April noch nicht reif. Die »Provisorische Regierung« behielt vorerst die Oberhand, und Lenin mußte zeitweise wieder in die Illegalität gehen. In seinem Versteck schrieb er nach seinen Exzerpten aus der Engelsschen Studie »Der Ursprung der Familie, des Privateigentums und des Staats« sein Konzept für den Aufstand, das Buch »Staat und Revolution«[132], in dem seine Abweichung vom Vorbild vom Ziel her zwar verständlich, aber dennoch bezeichnend ist.

Engels hatte den Staat in seiner Schrift in zweifacher Weise definiert, zum einen als Machtorgan der herrschenden Klasse und zum anderen als Organisation der Bevölkerung nach dem Territorium. Diesen zweiten Grundzug ließ Lenin aus, und er fehlte dann

---

131 Lenin, 1946, S. 157
132 Lenin, 1947

auch in den folgenden Schriften sich auf Lenin berufender Autoren – die Macht erschien als das Ausschlaggebende der Revolution. Noch immer glaubte Lenin an jene These, die besagte, daß der Staat der »Diktatur des Proletariats« nach der »Verwandlung der Produktionsmittel in Staatseigentum« als Staat aufgehoben und absterben werde. Er zitierte jene Passage aus dem »Anti-Dühring« zustimmend, wie er auch immer noch an der Voraussage festhielt, daß die russische Revolution nur der Auslöser der sozialistischen Revolution in den entwickelten Staaten sein werde.

Er sollte in beiden Hinsichten grausam korrigiert werden. Die Revolutionen in Westeuropa blieben in den »Siegerstaaten« aus und brachten in Deutschland und Österreich-Ungarn lediglich den Sturz der Monarchien. In Ungarn und Bayern wurden die Räterepubliken blutig niedergeschlagen.

Die im Oktober 1917 ausgelöste Revolution in Rußland führte zu einem blutigen Kampf um die Macht, in dem die Logik des Kampfes die Utopie von einer humanen Gesellschaft der Gleichen erdrückte. Der Aufstand in Petrograd siegte relativ rasch und verlief ohne größere Opfer, während es in Moskau zu schweren Kämpfen kam. Bald sammelten sich konterrevolutionäre Kräfte in vielen Teilen des Landes. Ein ziemlich illusionäres Angebot »An alle!«, den Krieg einzustellen, verbreitet am 8. November 1917, gewann im Lande breite Unterstützung, wurde aber von den Verbündeten Rußlands nicht beantwortet. Die deutsche Regierung ging auf das Angebot ein, und am 22. Dezember 1917 begann eine Friedenskonferenz in Brest-Litowsk, während sich Briten und Franzosen in dieser Zeit im geheimen über die Aufteilung Rußlands einigten. Am 6. Januar 1918 veröffentlichte der amerikanische Präsident Wilson seine propagandistisch wirksamen 14 Punkte, die u. a. die Auflösung Österreich-Ungarns und der Türkei vorsahen.

In den Verhandlungen in Brest-Litowsk stellten die Deutschen den Russen Bedingungen, die von der Sowjetregierung zunächst abgelehnt wurden; doch erzwang ein rascher Vormarsch deutscher Truppen durch die Ukraine und das Baltikum ihre Annahme. Die Sowjetregierung mußte Finnland, die Ukraine, Polen, das Baltikum und die armenischen Provinzen Kars und Ardahan abtreten. Der vom deutschen Oberkommando erhoffte Wechsel des Kriegsglücks blieb aus, und die deutsche Westfront brach im August 1918 zusammen. Zwei Monate später war Deutschland gezwungen, um Waffenstillstand zu bitten, der am 11. November geschlossen wurde. Moskau annullierte zwei Tage darauf den Vertrag von Brest-Litowsk und versuchte den alten Machtbereich des Zarenreiches wiederzugewinnen, doch stürzten Aufstände und Interventionen das Land in einen blutigen Bürgerkrieg, der sich jahrelang hinzog und das Land völlig zerrüttete. Gewaltsam angeschlossen wurden der Kaukasus, der Transkaukasus und Mittelasien. Finnland und das Baltikum blieben unabhängig und orientierten sich auf Westeuropa.

Der während der Kämpfe ausgerufene »Kriegskommunismus« hatte mit dem kommunistischen Ideal wenig gemein – abgesehen von der Ablieferung der Produkte und Verteilung durch den Staat. Es war eine Zwangswirtschaft durch den Staat, der nicht abstarb, sondern sich als einziger Zusammenhalt des Landes erwies, dessen Ordnung nur mit Gewalt aufrechtzuerhalten war. Das Rätesystem, die Sowjets, konnte nicht auf Gewaltanwendung verzichten, und so bildete sich faktisch ein neuer Repressivapparat heraus, ein Staat, der notwendigerweise ein bürokratischer Staat wurde.

Die ausgebliebene Revolution in Westeuropa und die Isolierung Sowjetrußlands stellten die Regierung vor die Alternative, entweder aufzugeben oder zu versuchen, das Land wieder aufzubauen und den Kampf um die wirtschaftliche Entwicklung aufzunehmen. Sie entschloß sich zu letzterem im Selbstverständnis, den Sozialismus in einem Lande aufzubauen, während sie in der Realität versuchte, eine nichtkapitalistische Entwicklungspolitik in einem unterentwickelten Lande zu verwirklichen.

Auf Lenins realistische Empfehlung hin ging Sowjetrußland – und ihm folgend die anderen Republiken – zu einer »Neuen ökonomischen Politik« über, die auf viele Dogmen der Lehre verzichtete, den Markt und die Kleinproduktion freigab und die staatliche Wirtschaftspolitik auf die Rekonstruktion der Industrie und des Verkehrswesens konzentrierte. Den nationalen Problemen versuchte man durch die Aufgliederung des Landes in territorial autonome nationale Einheiten beizukommen. Aus diesen Einheiten gingen bei der formellen Vereinigung der Republiken in der UdSSR Unionsrepubliken, autonome Republiken und autonome Bezirke und Kreise hervor.

Ziel der Vereinigung war die Selbstverwaltung in Ethnien, die hinsichtlich der Bevölkerung von sehr unterschiedlicher Größe waren: Sie bewegten sich zwischen einigen hundert Personen bis zu Dutzenden Millionen, wobei nur wenige in nationalhomogenen Regionen siedelten. Das sehr unterschiedliche Entwicklungsniveau sollte mit staatlicher Hilfe im Laufe der Jahre ausgeglichen werden. Die damals geschaffene Gliederung bildet heute noch die Grundlage der GUS-Staaten, obwohl Theorie und Praxis auch in dieser Frage zwei verschiedene Erscheinungen waren.

Im Zentralkomitee der Partei, die zur Alleinherrschaft gekommen war, wurden die Konzeptionen Lenins nicht vorbehaltlos unterstützt. Radikale Strömungen wandten sich dagegen. Sie wollten den »Kriegskommunismus« beibehalten und träumten von einer »permanenten Revolution« als Weg zur Weltrevolution. Andere Politiker zweifelten an der Realisierbarkeit der Industriepolitik, während wieder andere, zumeist Nichtrussen, die Russifizierungspolitik, die regionale Funktionäre gegen Lenins Willen betrieben, begünstigten.

Das Ausland nahm die Politik der Moskauer Regierung und der Kommunistischen Partei unterschiedlich auf. Die Regierenden der entwickelten Länder versuchten Sowjetrußland zu isolieren. Das als Verlierer des Krieges gleichfalls isolierte Deutschland wollte mit ihm kooperieren, und aus der Arbeiterbewegung löste sich angesichts der Not breiter Volksschichten auch in Mittel- und Westeuropa eine kommunistische Bewegung heraus, die sich um Moskau und seine Partei zur »III. Internationale« zusammenschloß.

Ein breites Echo fand die sowjetische Politik in Asien und teilweise in Afrika und Lateinamerika, besonders in China. Im erbitterten Kampf gegen Adel und Großindustrielle des In- und Auslandes sahen viele Intellektuelle Ost-, Süd- und Südostasiens ihr Vorbild im Kampf gegen die Kolonialherren und ihre einheimischen Verbündeten. Das Konzept der Entwicklung aus eigener Kraft sprach sie ebenfalls an.

In Moskau tobte inzwischen der Kampf um die Führung und die einzuschlagende Politik. Lenin starb, nicht ohne vor jenem Mann gewarnt zu haben, der sich dennoch zu Lenins Nachfolger machte und das Experiment »Sozialismus« vollends infrage stellen sollte: Josef Wissarionowitsch Dschugaschwili, der sich nach dem deutschen Wort Stahl »Stalin« nannte.

Er schaltete einen Konkurrenten nach dem anderen aus, bis er zu Anfang der dreißiger Jahre die volle Macht in den Händen hielt, totaler, als das die letzten Zaren je vermocht hätten. Beim Ausbau des Repressionsapparates im Inneren, dem als erstes die Elite der Revolution von 1917 zum Opfer fiel, berief er sich auf Lenin, der in der Zeit des Bürgerkrieges von den Idealen des »Absterbens des Staates« hatte Abschied nehmen müssen, und nannte seine Politik »Leninismus«. Bereits im April 1924 hielt er Vorlesungen »Über die Grundlagen des Leninismus«, in denen er ein Programm entwickelte, das sich von Marxschen Grundlagen immer weiter entfernte.

Stalin verstand es, seine Auffassungen in eine einfache Sprache zu kleiden, die einen apodiktischen Ton erhielt, der an seine Zeit als Klosterschüler erinnert. Seine Lehren gaben sich als selbstverständliche, absolute Wahrheiten und verhüllten zumeist die Realität. Man vergleiche das oben zitierte Ideal Marx' und Engels' über die »Diktatur des Proletariats« mit der folgenden Passage aus jenen Stalinschen Vorlesungen von 1924:

»1. Die Diktatur des Proletariats als Instrument der proletarischen Revolution.

Die Frage der proletarischen Diktatur ist vor allem die Frage nach dem Grundgehalt der proletarischen Revolution. Die proletarische Revolution, ihre Bewegung, ihr Schwung, ihre Errungenschaften erhalten erst durch die Diktatur des Proletariats Form und Gestalt. Die Diktatur des Proletariats ist das Instrument der proletarischen Revolution, ihr Organ, ihr wichtigster Stützpunkt, ins Leben gerufen erstens, um den Widerstand der gestürzten Ausbeuter zu unterdrücken und die eigenen Errungenschaften zu verankern, zweitens, um die proletarische Revolution zu Ende zu führen, die Revolution bis zum vollständigen Sieg des Sozialismus zu führen. Die Bourgeoisie besiegen und ihre Macht niederwerfen, das vermag die Revolution auch ohne die Diktatur des Proletariats. Aber den Widerstand der Bourgeoisie unterdrücken, den Sieg behaupten und weiterschreiten zum endgültigen Sieg des Sozialismus kann die Revolution nicht mehr, wenn sie nicht auf einer gewissen Stufe ihrer Entwicklung ein spezielles Organ in Form der Diktatur des Proletariats als ihre wichtigste Stütze schafft«.[133]

---

133 Stalin, 1946, S. 157

Aus der Übergangsperiode, in der der Staat abstirbt, wurde bei ihm: »Diese historische Epoche ist notwendig, nicht nur um die wirtschaftlichen und kulturellen Voraussetzungen für den vollständigen Sieg des Sozialismus zu schaffen, sondern auch, um dem Proletariat die Möglichkeit zu geben, erstens sich selbst zu erziehen und zu stählen als diejenige Kraft, die fähig ist, das Land zu verwalten, und zweitens, die kleinbürgerlichen Schichten umzuerziehen und umzumodeln in einer Richtung, die die Organisierung der sozialistischen Produktion sicherstellt«[134], und an die Stelle des sich aufhebenden Staates trat: »Der Staat ist eine Maschine in den Händen der herrschenden Klasse zur Unterdrückung des Widerstandes ihrer Klassengegner. In dieser Hinsicht unterscheidet sich die Diktatur des Proletariats ihrem Wesen nach nicht von der Diktatur jeder anderen Klasse, denn der proletarische Staat ist eine Maschine zur Niederhaltung der Bourgeoisie«.[135]

Das hörte sich schon in der Theorie bedeutend anders an als die Sehnsucht desjenigen, der das Wort von der »Diktatur des Proletariats« geprägt hatte, sollte aber in den Folgejahren als ein Programm verwirklicht werden, das jeden Gegner Stalins mit dem Tode bedrohte. Er erzwang den Abbruch der an sich erfolgreichen »Neuen ökonomischen Politik« als Restauration des Kapitalismus und setzte auf die aus der Landwirtschaft finanzierte forcierte Industrialisierung als geeigneten Weg, um die entwickelten Staaten einzuholen. In den Einzelbauern sah er eine Basis der kapitalistischen Strukturen und setzte die »Kollektivierung« durch, die zwar die Dorfarmut für ihn gewann, aber Millionen Bauern aus ihrer Heimat vertrieb, wobei ein bedeutender Teil von ihnen umkam und die Überlebenden in Sibirien angesiedelt wurden oder in die Städte gingen, die durch den weitgehenden Zusammenbruch des Agrarmarktes eine Hungersnot durchlebten.

Stalin war Georgier, handelte indessen zumeist als chauvinistischer Großrusse. Es war gefährlich, gegen seine in nationalen Fragen ebenfalls gleichmacherische Politik auch nur verbalen Widerspruch zu erheben. Zur ideologischen »Gleichschaltung« der Partei diente eine systematische Propaganda, in der der »Kurze

---

134 Stalin, 1946, S. 42
135 Stalin, 1946, S. 43

Lehrgang der Geschichte der KPdSU« eine zentrale Rolle spielte. Er wurde zu einer Art »Ersatzbibel« des zu einer Glaubensrichtung mit Dogmen und Textexegese werdenden »Marxismus-Leninismus-Stalinismus«, die mit dem wissenschaftlichen Gedankengut und nicht zuletzt mit den utopischen Idealen Marx' und Engels' wenig gemein hatte. Dieses von Stalin selbst redigierte Buch »korrigierte« die Geschichte der Partei und des Staates in seinem Sinn und wurde in der kommunistischen Weltbewegung zu einem Lehrbuch, nicht zuletzt durch seine eindringliche und einfache Sprache.

An einem Beispiel, das dem Verfasser dieses Buches als Orientalisten nahegeht, sei die Bedenkenlosigkeit aufgezeigt, mit dem in dem »Kurzen Lehrgang« mit der Realität und den Ideen Marx' umgegangen wurde.

Im Kapitel zu den Auffassungen Karl Marx' (s. VII,5) ist die Entstehung und Wandlung des Orientbildes in seinem Geschichtsbild aufgezeigt worden. Marx hatte die Vorstellung von der gesetzlosen »asiatischen Despotie« von Hegel übernommen, ohne zu bemerken, daß sein Lehrer ein als Orientkritik maskiertes politisches Schlagwort der Aufklärung im Kampf gegen den französischen Absolutismus wörtlich genommen hatte. Marx hatte in den fünfziger Jahren für diese angebliche Despotie eine sozialökonomische Erklärung gesucht und die Theorie einer »asiatischen Produktionsweise« aufgestellt. Ende der siebziger Jahre hatte er sie wieder aufgegeben, nachdem ihm bewußt geworden war, daß seine Grundannahme, das Fehlen des privaten Grundeigentums im Orient, nicht den Tatsachen entsprach.

In der UdSSR hatte man seine Theorie von der »asiatischen Produktionsweise« bis Anfang der dreißiger Jahre buchstabengetreu gelehrt, bis in der kommunistischen Weltbewegung ein Konflikt aufbrach, der bis zu ihrem Zusammenbruch anhielt und zu ihm beigetragen hat – das Verhältnis der chinesischen Revolution zur Lehre Moskaus und dem Anspruch der Machthaber dieser Stadt, das neue Weltzentrum zu sein.

In China war nach 1917 im Rahmen der demokratischen Bewegung unter Führung Sun-yat-sens innerhalb der Kuo-min-tang ein kommunistischer Flügel entstanden, der mit der sowjetischen Hilfe für die Kuo-min-tang an Einfluß gewann und besonders in den

Arbeiterzentren großen Zulauf fand. Sun-yat-sen starb vor dem Sieg der Revolution und der angestrebten Bildung eines demokratischen Staates in China. Sein Nachfolger, der rechtsgerichtete General Tschiang-kai-schek, gab das Bündnis mit den Kommunisten auf. Als er mit seiner Armee vor Shanghai erschien, hatten dort die Arbeiter in Erwartung der »Befreier« die Macht in der Stadt übernommen, doch der General schlug das revolutionäre Shanghai blutig nieder. Danach folgten Jahre erbitterter Kämpfe zwischen der Kuo-min-tang und den Kommunisten um die Macht in den Städten, in denen sich die Kuo-min-tang-Truppen mit ausländischer Hilfe durchsetzten. Es blieben jedoch die Sowjetgebiete in Südchina – Bauerngebiete, in denen sich der Bauernsohn Mao-tse-tung immer stärker zum Führer der Bewegung profilierte. Als die Vernichtungsfeldzüge (bei denen sich die Kuo-min-tang deutscher Militärinstrukteure bediente) zu blutig wurden, zog die chinesische Rote Armee nach Nordwestchina ab und behauptete sich in Yenan bis in die Zeit des 2. Weltkrieges.

Bereits in der Zeit der Kämpfe um die Städte (1927–1932) war es in der chinesischen kommunistischen Bewegung zu harten Auseinandersetzungen um die erforderliche Taktik gekommen. Die einen sahen in den Industriearbeitern der Städte die entscheidende revolutionäre Kraft, die anderen hielten die Bauern für Chinas Revolutionäre und beriefen sich dabei auf Marx' Lehre von der »asiatischen Produktionsweise«, während die ersteren Lenin und die Bolschewiki als ihr Vorbild betrachteten. Die Anhänger einer Bauernrevolution hatten ihren Führer in Mao, der lehrte, man müsse »das Dorf« gegen »die Stadt« führen, um China zu revolutionieren. Seine Gegner erlagen dem Ausrottungsfeldzug Tschiangkai-scheks.

In Moskau rief dieser Konflikt intensive Diskussionen um das Problem hervor, welche Sozialstruktur in China bestünde, welche Klassen die Revolution trügen und wer der Hauptfeind sei. Russische Soziologen legten seriöse Arbeiten vor, die weitgehend andere Strukturen in China im Vergleich zu Europa herausarbeiteten und Marx als Kronzeugen für eine asiatische Produktionsweise zur Bekräftigung ihrer Position heranzogen.

Im »Kurzen Lehrgang« erschien dann ein 1938 auch als gesonderte Schrift herausgegebener Abschnitt »Über dialektischen und historischen Materialismus«[136], in der die »asiatische Produktionsweise« nicht mehr erwähnt, sondern ein neues Dogma verkündet wurde: »Die Geschichte kennt fünf Grundtypen von Produktionsverhältnissen: die Produktionsverhältnisse der Urgemeinschaft, der Sklaverei, des Feudalismus, des Kapitalismus, des Sozialismus«[137]. Diese ex cathedra verkündete »Fünf-Stufen-Lehre« gab sich als wissenschaftliche Erkenntnis, als Quintessenz des historischen Materialismus, als Lehre von Karl Marx, der ein derartiges Schema nie vertreten hat. Sie war für mehr als eine Generation ein Dogma, das viele Wissenschaftler gegen die Gedanken und Arbeitsmethoden von Marx einnahmen, oft ohne daß sie diese überhaupt studiert hatten.

Doch steht dieses Beispiel einer Verselbständigung politischer Sätze als angeblich wissenschaftliche Dogmen leider nicht allein. Die Dogmatik Stalins stieß auch in der UdSSR trotz der bestehenden Repressalien auf Widerstand, so daß dieser sich genötigt sah, seine Gegner auf dem XVIII. Parteitag der KPdSU am 10. März 1939 wie dumme Jungen abzukanzeln.

»Manchmal wird gefragt: ›Die Ausbeuterklassen sind bei uns aufgehoben, feindliche Klassen gibt es im Lande nicht mehr, es gibt niemanden mehr, der zu unterdrücken wäre, also braucht man den Staat nicht mehr, er muß absterben. Warum tragen wir denn nicht zum Absterben unseres sozialistischen Staates bei, warum bemühen wir uns nicht, mit ihm Schluß zu machen, ist es nicht an der Zeit, diesen ganzen Plunder der Staatlichkeit über Bord zu werfen?‹

Oder auch: ›Die Ausbeuterklassen sind bei uns bereits aufgehoben, der Sozialismus ist im wesentlichen errichtet, wir marschieren zum Kommunismus, die marxistische Lehre vom Staat aber besagt, daß es unter dem Kommunismus keinerlei Staat geben soll. Warum tragen wird nicht zum Absterben unseres sozialistischen Staates bei, ist es nicht an der Zeit, den Staat in ein Museum für Altertümer abzuschieben?‹

Diese Fragen zeugen davon, daß die Fragesteller einzelne Sätze der Lehre von Marx und Engels vom Staat gewissenhaft auswendig gelernt haben. Sie zeugen aber auch davon, daß diese Genossen das

---

136 Stalin, 1946, S. 647–679
137 Stalin, 1946, S. 670

Wesen dieser Lehre nicht begriffen haben, daß sie nicht darüber Bescheid wissen, unter welchen geschichtlichen Bedingungen die einzelnen Sätze dieser Lehre ausgearbeitet wurden und daß sie insbesondere die gegenwärtige internationale Situation nicht verstanden haben, daß sie die Tatsache, daß eine kapitalistische Umwelt besteht, und die sich daraus ergebenden Gefahren für das Land des Sozialismus übersehen haben. In diesen Fragen kommt nicht nur die Unterschätzung des Bestehens der kapitalistischen Umwelt zum Ausdruck. In ihnen offenbart sich ebensowohl die Unterschätzung der Rolle und der Bedeutung der bürgerlichen Staaten und ihrer Organe, die in unser Land Spione, Mörder und Schädlinge entsenden und nur auf den Moment lauern, um einen militärischen Überfall auf unser Land zu unternehmen; ebenso offenbart sich in ihnen die Unterschätzung der Rolle und Bedeutung unseres sozialistischen Staates und seiner Militär-, Straf- und Abwehrdienstorgane, die zum Schutze des Landes des Sozialismus gegen Überfälle von außen notwendig sind«[138].

Damit »begründete« er die Vernichtung der »Trotzkisten und Bucharinleute«, obwohl er gerade erst ein Jahr zuvor die UdSSR nahezu wehrlos gemacht hatte. Eine Serie von Prozessen hatte den Generalstab und das Offizierskorps bis zum Regimentskommandeur als »deutsche Agenten« zum Tode verurteilt oder auf Jahre in die Verbannung geschickt, und dies angesichts des sich ankündigenden 2. Weltkriegs. Anderseits blieb die ökonomische und militärische Bedrohung des Landes bis zum Untergang der UdSSR bestehen und verwies damit die Lehre vom »Absterben des Staates« in den Bereich der Utopie.

5. Der 2. Weltkrieg, die UdSSR als Weltmacht und das Scheitern des »real existierenden Sozialismus«

Nur wenige Monate nach dem XVIII. Parteitag brach der 2. Weltkrieg aus, der in seinen Gruppierungen und Resultaten dem 1. Weltkrieg vergleichbar ist. Das aufgerüstete Deutschland griff erneut nach der Weltherrschaft, zog Italien an seine Seite in den

---
138 Stalin, 1946, S. 721–22

Krieg und erreichte das Unerwartete – die UdSSR ließ sich auf eine Teilung der Herrschaft über Osteuropa ein und ließ Hitler freie Hand in Europa. Stalin ließ als Nachfolger der Zaren das Baltikum, Ostpolen und Teile Rumäniens besetzen und schockierte durch sein Bündnis mit dem deutschen Faschismus vor allem die Parteien der kommunistischen Weltbewegung.

Er sollte bald die Quittung dafür erhalten. Nach der Eroberung nahezu ganz Europas mit Ausnahme Englands, Schwedens, der Schweiz und den neutral gebliebenen Staaten der Iberischen Halbinsel wandten sich die den Russen waffentechnisch überlegenen, kampferprobten deutschen Truppen gegen die UdSSR. Sie zerschlugen in wenigen Monaten die schlecht ausgerüsteten und oft miserabel geführten Einheiten der UdSSR im Westen des Landes und standen bald vor Leningrad und Moskau. Sie drangen durch die Ukraine zur Wolga vor und erreichten den Kaukasus. Schon wurde die Absicht deutlich, über dieses Gebirge nach Süden vorzustoßen und sich mit den Italienern und dem »Afrikakorps« in Vorderasien zu vereinigen, um Indien angreifen zu können – als der »Führer« und »größte Feldherr aller Zeiten« sich als eine nur schwache Kopie Napoleons erwies.

Bereits der Winter 1941 traf die auf russische Temperaturen nicht vorbereiteten Verbände der Deutschen. Die Länge der Verbindungs- und Nachschubwege war unterschätzt worden, und die brutale Vernichtungspolitik nahm den Aggressoren jede Aussicht, im Land Helfer und Sympathisierende in größerem Umfang zu finden, die es nach 20 Jahren der Herrschaft Stalins durchaus hätte geben können.

Die Deutschen kamen mit dem »Generalplan Ost« im Kopf, dem Konzept, Osteuropa in eine deutsche Siedlungskolonie zu verwandeln und alle Juden, Zigeuner und mindestens dreißig Millionen Slawen, in erster Linie die Intelligenz und die qualifizierten Arbeitskräfte, auszurotten. Ein Sklavenheer für die deutschen »Arier« sollte übrigbleiben. Sie haben diese Ziele fast erreicht, denn allein in der UdSSR starben zwischen 25 und 30 Millionen Menschen. In den deutschen Kriegsgefangenenlagern verhungerten nahezu zwei von drei Millionen inhaftierten Sowjetbürgern oder starben eines gewaltsamen Todes.

Angesichts dieser Greuel schwand die in manchen Gruppen der Bevölkerung vorhandene Sympathie für die Deutschen. Nur aus wenigen Ethnien, wie den Kosaken, schlossen sich größere Einheiten freiwillig den Deutschen an. Die Mehrheit der dann aus Kriegsgefangenen oder Emigranten gebildeten Truppenteile unterstand bis zuletzt dem Reichssicherheitshauptamt und wurde mißtrauisch beobachtet. Verschiedene Truppenteile der Zwangsrekrutierten – so in Holland eingesetzte Georgier – revoltierten oder schlossen sich dem slowakischen Nationalaufstand an. Der deutsche Massenterror zwang die Menschen geradezu, sich um die Rote Armee zusammenzuschließen oder in Partisanenverbänden eher kämpfend zu sterben als wehrlos umzukommen.

Trotzdem reagierte die sowjetische Führung regional mit Repressalien gegen die Bevölkerung, so gegen die Krimtataren, die Wolgadeutschen, die Karatschaier, Tschetschenen und Inguschen, die pauschal als Verräter bezeichnet und nach Sibirien verbannt wurden.

Der Widerstand des Volkes, die Weite des Landes und die noch vorhandenen Reserven erlaubten es Stalin, neue Armeen aufzustellen und zum Teil mit alliierter Hilfe auszurüsten. Sie hielten den Deutschen an der Wolga stand und trieben die Okkupanten unter schweren eigenen Verlusten aus dem Lande. Die Engländer, denen sich die USA nach dem japanischen Überfall auf Pearl Harbour angeschlossen hatten, sahen letztlich in Stalin das »kleinere Übel«. Churchill, ein eingefleischter Antikommunist, soll damals erklärt haben, daß er bereit sei, selbst am Herrn der Hölle sympathische Züge zu finden, falls Hitler die Hölle angreife und diese sich verteidigen werde.

1945 stand Stalin schließlich neben Roosevelt und Churchill als einer der drei Sieger an der Spitze einer Weltmacht, die Osteuropa bis zur Elbe als Glacis eigener Macht behandelte. Das war weder im Sinne der Briten noch der wieder zur Macht gelangten Franzosen, noch der neuen Hauptmacht der kapitalistischen Welt, der USA. Es begann der »III. Weltkrieg«, der erste, der wirklich weltweit geführt wurde, der »Kalte Krieg«, der nur aus einem einzigen Grunde nicht mit Waffen zwischen den beiden Hauptkontrahenten ausgetragen wurde: weil sie sich in der ersten Phase bis ca. 1955 nicht gegenseitig überwältigen konnten und in der zweiten Phase angesichts der gewaltigen Anhäufung von Massenvernichtungsmitteln die gegenseitige Vernichtung erwarten mußten, falls der Krieg in ein »heißes« Stadium übergehen sollte.

So blieb es im wesentlichen ein Wirtschaftskrieg, in dem letztlich der erreichte Entwicklungsgrad und der Umfang der Produktion den Sieg entschieden. Während dieses jahrelangen Patts der Großmächte gelang es beinahe allen Kolonien, das fremde Joch abzuwerfen. Im Rahmen dieses Ringens trugen die Großmächte in Asien, Afrika und Lateinamerika so manchen »Stellvertreterkrieg« aus, die über zwanzig Millionen Menschen das Leben kosteten.

Der Abfall Indiens 1947 und der Sieg der chinesischen Kommunisten waren besonders schwere Niederlagen für die »westliche« Koalition, der jedoch immer stärker ihr Vorsprung in der Wissenschaft und Technik zugute kam. Denn der »Kalte Krieg« war im Kern ein Krieg zwischen Unterentwickelten und entwickelten Zentren, von denen vor allem die USA den Krieg nicht nur heil überstanden, sondern als großen Entwicklungsschub für die Industrie erlebt hatten.

In den von der UdSSR abhängigen Staaten entstanden Sozialstrukturen nach sowjetischem Vorbild, die sich als »real existierender Sozialismus« verstanden und auf Marx und Engels beriefen, als sei die Utopie der »freien Assoziation aller Menschen« schon verwirklicht. Sie glichen jedoch eher dem »geschlossenen Handelsstaat« Fichtes als der »freien Assoziation aller Menschen« von Karl Marx. Sie hatten schwer unter dem »Kalten Krieg« zu leiden und wurden in Stagnation und Hochrüstung einbezogen.

Die Entwicklung Chinas unter der Herrschaft der kommunistischen Partei durchlief unter Mao und seinen Nachfolgern mehrere spezifisch chinesische Phasen, da sich das marxistische Gedankengut mit taoistischen und konfuzianischen Traditionen der alten Geheimbünde mischte. Sie begann 1949 pragmatisch und sah eine mehrere Generationen dauernde Entwicklungszeit vor. Die Ungeduld und der Glaube, daß der Wille alles erreichen könne, ließen die Politik der »Großen Sprünge« beginnen, die China in vier bis fünf Jahren an die entwickelten Staaten heranführen sollte und notwendigerweise scheitern mußte.

Einer pragmatischen Korrektur folgte die »Kulturrevolution«, die als anarchistisch-terroristische Phase das Land zerrüttete und unter der »Viererbande« ihren Höhepunkt erreichte. Sie wandte sich gegen die Parteiorganisation und ihr Streben nach staatlich geregelter Entwicklung. Die maoistische Konzeption glaubte, das

Land aus »Dorfkommunen« zusammensetzen zu können, und organisierte Hunderttausende in gemeinsamer Wirtschaft ohne Markt, militärisch diszipliniert und geführt.

Mao ging von der ja auch der europäischen Aufklärung zugrundeliegenden Vorstellung aus, daß die von ihm ausgesprochenen »Wahrheiten« die Gehirne der Menschen ausfüllen und zu allem Erforderlichen befähigen würden. Das Individuum habe sich in die vom »Großen Steuermann« geschaffene Ordnung einzufügen wie der Mensch in die Natur. Diese Vorstellung war die alte konfuzianische Staatslehre von der Rolle des »Himmelssohnes« in der Gesellschaft. Die Dorfkommunen erinnern nicht nur an die Ansichten der T'ai-ping, sondern greifen letztlich auf die »Agrarlager« der »Drei Reiche« und das altchinesische Ideal der »Neun Felder-Kommune« zurück.

Das Ergebnis war schrecklich. Die Wirtschaft wurde zerrüttet, und Millionen Menschen verloren ihr Leben. Der drohende Zusammenbruch ließ die Parteiführung die Erben Maos durch einen neuen Staatsstreich stürzen und eine ziemlich nüchterne Wirtschaftspolitik in Gang setzen, die zugleich mit einer zentralistischen Macht in Peking verbunden ist. Sie nutzt kapitalistische Wirtschaftsformen und versucht in neunzig bis hundert Jahren eine mittlere Entwicklung Chinas zu erreichen.

Die Niederlage der UdSSR begann sich in den siebziger Jahren abzuzeichnen, als die moderne Waffentechnologie und das Übermaß der Rüstungen alle Reserven des Landes verschlangen. Die USA erlitten ebenfalls schwere Rückschläge und mußten Japan und Westeuropa als neuaufsteigende Großmächte akzeptieren, behielten aber im Andauern des »Kalten Krieges« die Oberhand in dem von ihnen bestimmten Lager. 1985 setzte sich in der sowjetischen Führung offenbar die Erkenntnis durch, daß die Fortsetzung des Wettrüstens in den Untergang des Landes führen müsse.

Der neue Generalsekretär der Partei, Michail Gorbatschow, versuchte in Verhandlungen zu beiderseitigen Abrüstungsschritten zu kommen und den »Kalten Krieg« mit einem Kompromiß zu beenden. Er verbreitete nun statt der kommunistischen Utopie die nicht weniger utopische Formel vom »gemeinsamen europäischen Haus« – eine Anbiederung an die Sieger und zugleich eine Abgrenzung gegenüber den Völkern Asiens und Afrikas. Offenbar bedeutete man ihm bald, daß die UdSSR kapitulieren müsse, und er gab Schritt für Schritt nach. Er und sein Führungsstab räumten eine außen- und machtpolitische Position nach der anderen und zerschlugen die Administration und die Partei, die Strukturen, die den Staat bisher zusammengehalten hatten.

1991 war es schließlich soweit, die UdSSR zerfiel in sich selbst und hinterließ nur Trümmer und Probleme: eine polynationale Millionenarmee mit modernen Waffen ohne staatliche Basis, ein bereits ausgebrochenes Massenelend, Bürgerkriege im Kaukasus und offene Konflikte zwischen den Völkern Mittelasiens, eine Vielzahl nationaler Konflikte in Rußland und den anderen Republiken. Dazu kam eine überflüssige moderne Kriegsindustrie, eine veraltete Industrie für den Friedensbedarf und ein zentralisiertes Verkehrsnetz, das sich im Zerfall befindet. Sehr schwach entwickelte Republiken, in Zentralasien vom Welthandel abgeschnitten, stehen Staaten wie der Ukraine gegenüber, denen wenig zum raschen Aufstieg zu einer Großmacht fehlt.

Die Hoffnung, am Kapitalismus vorbei Osteuropa und große Teile Asiens entwickeln, die Ausbeutung des Menschen durch den Menschen überwinden und eine gerechte Gesellschaft schaffen zu können, hat sich als nur eine weitere Utopie erwiesen und ist in Hekatomben von Menschenopfern gescheitert. Nur China, Vietnam, Kuba und Nordkorea versuchen noch, auf dem eingeschlagenen Weg weiterzugehen, zumal, da sie die schrecklichen Ergebnisse der sowjetischen Kapitulation vor Augen haben. Ob sie ihren Kurs noch lange werden halten können, ist bei dem noch größeren Entwicklungsunterschied dieser Länder zu den entwickelten Staaten und dem massiven Druck letzterer ungewiß. Doch ändert das wenig am Ergebnis der Entwicklung in Osteuropa, das noch lange künftigen Versuchen, linke Utopien zu verwirklichen, entgegenstehen wird.

X. Erlösungsträume des 20. Jahrhunderts in Westeuropa und der islamischen Welt

Westeuropas »Linke« sind schon seit Jahren von der Krise des Kommunismus betroffen, und selbst einst große kommunistische Parteien wie die italienische geben ihre vormals tragende Ideologie mit ihrem Namen auf.

»Rechte« Organisationen tragen noch das Stigma des Scheiterns des Faschismus, dessen verworrene Ideologien ebenfalls utopische Züge aufwiesen, die aus verschiedenen Quellen geschöpft und mit dem Ende des Auschwitzregimes nicht verschwunden sind. Jedoch passen die »Blut- und Boden-Mythen«, der »Arierwahn« oder die anderen Nationalismen und Rassismen als Pseudolösungen der Menschheitsprobleme nicht zu den Idealen von Gleichheit und Freiheit, die die Utopisten aus drei Jahrtausenden verbinden, und werden daher hier nicht behandelt.

Neben und in der kommunistischen Strömung des 20. Jahrhunderts gab und gibt es auch humanistisch-bürgerliche Utopien, die sich in der Form von Verfasser zu Verfasser unterscheiden. Ihre Zahl ist so groß, daß nur einige als Beispiele ganzer Strömungen erwähnt werden können. Sie sind jedoch zur Vervollständigung des Bildes dieser Literaturgattung erforderlich, und vielleicht bietet die eine oder andere jenen Trost, dem sich sowohl die zweitausendjährige Utopie Jesu wie die hundertjährige Karl Marx' entfremdet haben.

1. Vom Reformkommunismus zur Ideologie der »Grünen« – und ...?

Innerhalb der kommunistischen Bewegung in der DDR führten die Schattenseiten des »real existierenden Sozialismus« zu mancherlei Konflikten, die nur dadurch begrenzt wurden, daß die sich um 1989 entwickelnde Alternative vorauszusehen war und nüchterne Beobachter abschreckte. Idealistische Geister glaubten in Gegenkonzepten den Sozialismus verbessern und eine bessere DDR verwirklichen zu können, doch scheiterten sie an den Realitäten.

Einer der bekannteren Vertreter dieser Strömung ist Rudolf Bahro, der als Jugendfunktionär und überzeugter Anhänger von Marx in der betonten Staatsdisziplin und der Großorganisation der Gesellschaft die Ursache für die sich abzeichnende Stagnation sah. Er erkannte, daß der Weg der UdSSR der Versuch einer nichtkapitalistischen Entwicklung war, übersah aber, daß dies eine innere Logik hatte. Er suchte die von Marx verheißene »freie Assoziierung der Werktätigen« und stieß auf das Mißtrauen der Parteiführung, die ihn einsperren und schließlich ausbürgern ließ.

Sein Buch »Die Alternative. Zur Kritik des real existierenden Sozialismus« erschien in der BRD und versuchte eine Korrektur des Sozialismus zu erreichen. Seine Analyse zeigte, daß das seinerzeit herrschende System in den sozialistischen Staaten wenig mit den Idealen des »radikalen Humanismus« von Marx zu tun hatte. Zur Lösung der Probleme wollte er bewußt zur Utopie zurückkehren und schrieb:»Aber Utopie gewinnt jetzt eine neue Notwendigkeit. Denn jene historische Spontaneität, die Marx auf den Begriff des naturgeschichtlichen Prozesses brachte und die unsere Marxisten-Leninisten unter dem Namen der objektiven ökonomischen Gesetze feiern, muß heute überwunden werden. Es muß genau das geschehen, was die Begründer des Marxismus erwarteten: daß die kommunistische Bewegung ›alle naturwüchsigen Voraussetzungen zum ersten Mal mit Bewußtsein als Geschöpfe der bisherigen Menschen behandelt‹...«[139].

Hier wird die Utopie seiner Ansichten deutlich, der Glaube an die unbegrenzte Denk- und Handlungsfähigkeit des Menschen – zwei Grundzüge, von denen die Menschheit weit entfernt ist.

---

139 Bahro, 1977, S. 299

Wären sie gegeben, bestünde in der Tat Grund zum Optimismus und selbst zur Utopie, zur »Erfindung« der an sich notwendigen besseren Zukunft. Eine »Überproduktion von Bewußtsein« soll nach ihm die Menschheit erlösen: »Was jetzt bevorsteht und eigentlich bereits begonnen hat, ist eine Kulturrevolution im wahrsten Sinne: eine Umwälzung der ganzen subjektiven Lebensform der Menschen, einzig beziehbar auf jenen anderen Übergang, der auf dem Wege von Patriarchat, vertikaler Arbeitsteilung und Staat in die Klassengesellschaft einführte. In dieser zweiten Kulturrevolution wird der Mensch seine Existenz auf sein Bewußtsein gründen, auf die ›höchste Daseinsweise der Materie‹, und sich auf die soziale Organisation dieser Noosphäre konzentrieren, um von hier aus sein Naturverhältnis neu zu regeln«.[140]

Diese Bahrosche »Kulturrevolution« gleicht in ihrem Kern dem Menschenbild Maos und seiner »Kulturrevolution«. Bahro appelliert an die »kleinen Leute« – ein sympathischer Zug, nur sprechen die Erfahrungen der letzten Jahrzehnte gegen den Erfolg eines solchen Appells. Zugleich polemisiert er – verständlich in einem der hochentwickelten Länder – gegen die Genuß- und Verschwendungssucht der »Wegwerf«gesellschaft und schreibt: »Die geschichtliche Aufgabe, von der ich spreche, ist die Überwindung der Subalternität, der Daseinsform und Denkweise ›kleiner Leute‹. Sie bedeutet in ihrem Kern Aufhebung der alten, vertikalen Arbeitsteilung, Umwälzung der ganzen mit ihr verbundenen Bedürfnisrichtung und -struktur. Sie geht einher mit der radikalen Veränderung aller unserer gewohnten Institutionen und Verfahrensweisen in Gesellschaft und Wirtschaft. Die massenhafte Überwindung der Subalternität ist die einzig mögliche Alternative zu der grenzenlosen Expansion der materiellen Bedürfnisse«.[141]

Nur hat in der Praxis die Sucht nach der »D-Mark« jeden Gedanken an eine geregelte Zusammenführung der DDR und der BRD ad absurdum geführt und Ostdeutschland auf Jahre zum unterentwickelten Anhängsel der westdeutschen Länder werden lassen – ein durchaus bewußt gestalteter »Treuhand«prozeß. Bahro hat diese Entwicklung weder gewollt noch herbeigeführt. Aber sein Ideal ist

---
140 Bahro, 1977, S. 304
141 Bahro, 1977, S. 321

unrealistisch, utopisch, wenn er meint: »Die Subalternität, die in verschiedenen Graden und Aussparungen die überwältigende Mehrheit der Menschen betrifft, ist ein Effekt der gesamten modernen Produktionsweise und kann daher nur mit ihrer Umgestaltung überwunden werden«[142]

Er beschreibt sein Ideal als bewußt zu schaffende Struktur: »Die positive Aufgabe der Kulturrevolution kann unter einem einzigen Begriff zusammengefaßt werden: jene neue Organisation der Arbeit und des gesellschaftlichen Lebens zu schaffen, auf die sich endlich ein Gemeinwesen gründen kann, das den lange vorgeprägten Namen der freien Assoziation solidarischer Individuen verdient«[143]. Er spricht von »Marxens Perspektive der Aufhebung der Arbeit und eines Reiches der Freiheit«[144], während Marx das »Reich der Freiheit« als Ergänzung des »Reiches der Notwendigkeit« (d. i. der Produktion) sah. Sein Gegenvorschlag ist die Rückkehr zu den Phalansterien Fouriers oder den »Haushaben« der »Böhmischen Brüder«: »Die Herstellung von Bedingungen für ein neues Gemeinschaftsleben auf der Basis autonomer Gruppenaktivitäten, um die sich erfüllte menschliche Beziehungen kristallisieren können, um von hier aus der Isolierung und Vereinsamung der Individuen in den Einzelzellen der modernen Arbeits-, Schul-, Familien- und Freizeitwelt eine Grenze zu setzen[145].

Von hier aus ist sein Weg zu einem der linken Ideologen der »Grünen«, der »… für eine ökologische Antwort auf die Wirtschaftskrise …« eintrat[146], zu verstehen. Er hat damals in den »Grünen« die Wegbereiter in die bessere Zukunft gesehen – und sie weit überschätzt. Wieder vereinigt er berechtigte Kritik am Bestehenden mit Illusionen über die Veränderbarkeit des Menschen durch ein anderes Denken und Verhalten, wenn er schreibt: »In den reichsten, industriell überentwickelten Ländern des Westens wächst vor allem in der vielfältigen Gestalt der neuen sozialen Beziehungen eine fundamentale Opposition. Sie reagiert auf den kenntlich und fühlbar gewordenen selbstzerstörerischen, nach außen mörde-

---

142 Bahro, 1977, S. 324
143 Bahro, 1977, S. 483
144 Bahro, 1977, S. 551
145 Bahro, 1977, S. 325
146 Bahro, 1984, S. 76–86

rischen, nach innen selbstmörderischen Charakter unserer industriellen Zivilisation und ihres auf Weitermachen-wie-bisher angelegten institutionellen Systems. Fundamental ist die Opposition vor allem dadurch, daß sie sowohl das materielle Fundament als auch seine Entsprechung in unseren auf Haben-Haben ausgerichteten Grundeinstellungen infragestellt. Sie bringt die immer offensichtlichere Wahrheit zum Ausdruck, daß wir nur überleben werden, wenn wir uns befähigen, anders zu leben als bisher. Die Grünen verstehen sich als der parlamentarisch-politische Arm dieser fundamentalen oppositionellen Bewegungen«.[147]

Er führt weiter aus: »Während sich die verselbständigte, entfremdete Megamaschine anschickt, an die Grenzen der Erde zu stoßen und uns, ihre ursprünglichen Schöpfer, dabei an die Wand zu drücken und zu zerquetschen, geht sie schon jetzt jährlich über Millionen und Abermillionen Menschenleben in der Dritten Welt hinweg, wohin wir einstweilen Krieg, Arbeitslosigkeit, Hunger und Elend aller Art abgedrängt haben. Das Industriesystem und zuerst die von ihm hervorgebrachte Militärmaschine hier in den Metropolen, wo es seinen Ausgang nahm, in seinem Selbstlauf anzuhalten, ist ebenso sehr erstes Gebot der Solidarität mit den am meisten Verdammten dieser Erde, wie es Forderung eines vernünftigen Egoismus ist. Denn wir werden den Rückschlag weder der sozialen Krisen noch der ökologischen Katastrophen aushalten, die unsere Arbeits- und Lebensweise im Weltmaßstab zur Folge hat.

Der globale Industrialisierungsprozeß verzehrt und vernichtet nicht nur seine eigenen Voraussetzungen, die in immer größeren Mengen von ihm eingesogenen Ressourcen, sondern die Naturgrundlagen des menschlichen Lebens, die uns tragende Biosphäre selbst. Seine Vollendung im Weltmaßstab wäre die endgültige Naturkatastrophe. Er kann nicht weitere 200 Jahre fortgesetzt werden, und er muß sehr viel früher abgebremst und angehalten werden.«[148]

Der Aufstieg der »Grünen« zur Opposition ist zu Ende. Sie haben sich als Reformbewegung in das bestehende System integriert, dessen Ziel weit von Bahros Traum von einem Industrialisierungs-

---
147 Bahro, 1984, S. 76
148 Bahro, 1984, S. 76

moratorium entfernt liegt: »Dieses Industriesystem darf nicht weiter ausgebaut werden. Im Gegenteil, wir müssen beginnen, den Turmbau zu Babel abzutragen, ehe er über uns zusammenstürzt. Wir wollen das Einverständnis der Mehrheit dafür gewinnen, daß ein überlebensnotwendiger Umbau unserer Zivilisation beschlossen, geplant und schrittweise durchgeführt werden kann. Dazu bedarf es eines Großen Moratoriums gegen jegliche Erweiterungsinvestitionen alten Typs und einer Kritik aller Produkte und Arbeitsbedingungen«.[149]

Erneut taucht bei ihm der Gedanke der Phalansterien auf: »Demgegenüber kann die wirkliche Alternative, die uns zugleich tendenziell mit den Völkern der Dritten Welt versöhnen würde, nur der Aufbau von Basisgemeinden (aus vorschlagsweise maximal 3000 Menschen) sein, die sich auf einen Modus einfacher, nicht erweiterter Reproduktion ihrer materiellen Grundlage einigen«[150].

Was für ein Traum! Neuerdings hat er sein Konzept der Führung der CDU Sachsens als Lösung der Krise mit 50 % Arbeitslosen usw. angeboten – ein edler Gedanke, jedoch fern aller Wirklichkeit unserer Gesellschaft. Er schmerzt niemanden und kann professoral vertreten werden.

2. Geht es auch anders?

Tiefer geht E. F. Schumacher in seinem mahnenden Buch »Es geht auch anders«[151], das zuerst 1973 in den USA erschien. Er geht von einer unbestreitbaren Tatsache aus, wenn er schreibt: »Die moderne Zivilisation schwebt offenbar in Lebensgefahr. Da sie sich über die ganze Welt verbreitet hat oder jedenfalls dabei ist, sich über die ganze Welt zu verbreiten, schwebt die ganze Menschheit in Lebensgefahr«[152]. Er verkündet anschließend seine Utopie: »Da der moderne Mensch ja nicht durch seine Fehlleistungen, sondern durch seine ungeheuren Erfolge sich selbst zu vernichten droht, ist es notwendig, den nachmodernen Menschen zu erfinden, besser

---
149 Bahro, 1984, S. 76–77
150 Bahro, 1984, S. 79
151 München, 1974
152 Schumacher, 1974, S. 7

noch: in sich selbst eine nachmoderne Denk- und Handlungsweise zu entwickeln«[153].

Wieder treffen wir auf den utopischen Kernsatz, daß der »Mensch« die Probleme erkennen könne und imstande sei, aus freier Entscheidung anders zu leben. Seine Kritik, »… daß es nicht die Armen, sondern die Reichen sind, die das Überleben des Raumschiffs Erde in Frage stellen«[154], ist durchaus berechtigt. Er hat richtig beobachtet, daß viele junge Menschen auf Grund der Situation fordern, »das bestehende ›System‹ abzuschaffen und etwas ganz anderes, ganz Neues an seine Stelle zu setzen«[155], und daß dahinter mehr steht als die Not der Armen. Er weist reale Prozesse nach, die den grundsätzlichen Unterschied zwischen den zur Zeit ein Zehntel der Weltbevölkerung ausmachenden Menschen der »entwickelten« Länder und den neun Zehnteln der »unterentwickelten« aufzeigen, wenn er ausführt: »Wir wollen dabei jene Bevölkerungen als ›reich‹ bezeichnen, die in Ländern leben, wo der durchschnittliche Pro-Kopf-Verbrauch an Energie im Jahre 1966 mehr als eine Tonne (Kohleäquivalent) betrug und jene als ›arm‹, bei denen die Vergleichszahl unter einer Tonne lag. Ich weiß wohl, daß diese Einteilung etwas willkürlich erscheinen mag, aber sie vermittelt trotzdem ein ziemlich einleuchtendes Bild der Spaltung der Menschheit in Reich und Arm. Nach dieser Rechnung waren 1966 von den 3,34 Milliarden Bewohnern der Erde etwas mehr als 1 Milliarde ›reich‹ und etwa 2,3 Milliarden ›arm‹. Der durchschnittliche Energieverbrauch der Reichen betrug mehr als 4 1/2 Tonnen im Jahr; derjenige der Armen weniger als 1/3 Tonne, also ein Verhältnis von 14:1.

Nehmen wir nun an, daß die reiche Bevölkerung jährlich um 1 1/4 Prozent wachsen wird, die arme hingegen um 2 1/2 Prozent, so wird die Weltbevölkerung von 3,34 Milliarden im Jahre 1966 auf 6,9 Milliarden im Jahre 2000 anwachsen, also um etwas mehr als 100 Prozent binnen 34 Jahren. Nehmen wir ferner an, daß überall die Politik der Verbrauchssteigerung weiterverfolgt wird, so daß der Pro-Kopf-Konsum an Energie der Reichen jährlich um 2 1/4 Pro-

---
153 Schumacher, 1974, S. 7
154 Schumacher, 1974, S. 10
155 Schumacher, 1974, S. 11

zent, und derjenige der Armen um 4 1/2 Prozent wächst, so führt das zu einem Anwachsen des durchschnittlichen Pro-Kopf-Verbrauchs von 1,65 Tonnen (1966) auf 3,35 Tonnen (2000) – also wiederum eine Verdoppelung binnen 34 Jahren. Das Gesamtergebnis, das sich nach diesen Annahmen aus Bevölkerungsvermehrung und Verbrauchssteigerung ergeben würde, wäre ein Ansteigen des Energieverbrauchs der Menschheit von 5,5 Milliarden Tonnen im Jahre 1966 auf 23,5 Milliarden Tonnen im Jahre 2000; eine Steigerung auf das Vierfache, die zur Hälfte dem Wachstum der Bevölkerung und zur anderen Hälfte dem Konsum pro Person zuzuschreiben wäre.

Diese Aufteilung der Steigerung 50:50 ist an sich schon interessant; noch interessanter aber ist der relative Anteil der Reichen und der Armen. Am Gesamtzuwachs des Energieverbrauchs von 5,5 Milliarden auf 23,2 Milliarden, also 17,7 Milliarden Tonnen, wären die Reichen mit knapp zwei Dritteln und die Armen mit etwas mehr als einem Drittel beteiligt. Während der ganzen hier betrachteten 34 Jahre würde die Welt 425 Milliarden Tonnen (Kohlenäquivalent) verbrauchen, davon die Reichen 321 Milliarden oder 75 Prozent und die Armen 104 Milliarden.

Eine sachliche, leidenschaftslose Prüfung dieser Berechnungen und Überlegungen führt unausweichlich zu dem Schluß, daß es die Wirtschaftsweise der Reichen ist, die das Problem aufwirft, d. h. das Verhalten genau jener Leute, die sich einbilden, das Produktionsproblem sei nunmehr gelöst und ihre wichtigste Aufgabe bestehe in der Erziehung zur Muße in den reichen Ländern und der Übertragung des reichen Lebensstils auf den Rest der Welt. Nicht die Welt als Ganzes befindet sich auf Kollisionskurs; es ist auch nicht einfach das Wachstum der Weltbevölkerung, das zu Schwierigkeiten führt (was heute schon in manchen Teilen der Welt der Fall ist und zunehmend der Fall sein wird) – nein, es ist der Lebensstil der Reichen, der ungelöste und allem Anschein nach sogar unlösbare Probleme schafft und nichts Geringeres als das Fortbestehen der gesamten modernen Zivilisation in Frage stellt.«[156]

Schumacher sieht in »der modernen Einstellung zum Leben« eine Gefahr für die Welt, deren moderne Technik drei »zerstöre-

---

156 Schumacher, 1974, S. 40

rische« Tendenzen aufweise: die zu »unmenschlicher Größe«, die zu »unmenschlicher Komplexität« und die zu »immer gesteigerter Gewalttätigkeit«. Letzteres ist wohl eher eine Frage der »Hervorbringer«, der Menschen, beschreibt aber – denkt man an die Atom- und anderen Waffen – Realitäten. Er appelliert an die Vernunft, die den Menschen zum »Umkehrer« machen solle, der gegen den »Durchbrecher« auftreten müsse, und schreibt: »Die Kennworte des Umkehrs sind: gewaltlos, pflegend, beobachtend, organisch, klein, Qualität, Ehrfurcht; und diejenigen des Durchbrechers: forcierend, ausbeutend, verschwenderisch, mechanisch, groß, Quantität, Ehrgeiz. Die Durchbrecher, offensichtlich, Evolutionäre: Sie wollen so weiter machen wie bisher, nur noch schneller, größer, wuchtiger und besser; sie sprechen zu den Umkehrern in beschwörendem Ton: ›Stört uns jetzt nicht! Ihr könnt uns doch jetzt nicht mit philosophischen Argumenten oder gar mit Religion kommen! Denkt an die Bevölkerungsexplosion, den drohenden Welthunger, den Aufstand der Armen, und an die unbegrenzten technischen Möglichkeiten, die wir doch haben!‹ (Die Rede von Dostojewskis Großinquisitor ist ihre Rede.) Die Durchbrecher, wie der Teufel, haben alle die schmissigen, leicht verständlichen Melodien. Sie versprechen das Blaue vom Himmel; bekommen es dann aber plötzlich mit der Angst und jammern über den bevorstehenden Zusammenbruch«.

Schumacher entwickelt sein Konzept in drei Thesen:

»Erstens, wenn die derzeitigen Wachstumsraten in den fünf Hauptfaktoren unverändert weiterwirken, so werden unübersteigbare Grenzen irgendwann innerhalb der nächsten hundert Jahre erreicht werden. Das wahrscheinlichste Resultat dürfte dann ein plötzlicher und unkontrollierbarer Abstieg sowohl in der Bevölkerungszahl wie in der Industriekapazität sein.

Zweitens, es wird möglich, diese Wachstumstendenzen zu ändern und ein ökologisches und wirtschaftliches Gleichgewicht zu gewinnen, welches sich auf lange Zeit aufrechterhalten lassen sollte. In einem solchen Zustand globalen Gleichgewichts können die echten materiellen Bedürfnisse eines jeden Menschen befriedigt werden und ein jeder Mensch könnte die Möglichkeit haben, sein individuelles menschliches Potential zu verwirklichen.

Und drittens, sofern sich die Völker der Welt für den zweiten und

gegen den ersten Weg entscheiden wollen: je früher sie anfangen, für den zweiten Weg, das heißt, die Abänderung der Wachstumstendenzen, zu arbeiten, desto größer werden ihre Erfolgschancen sein«[157].
Dieses Buch erschien vor mehr als zwei Jahrzehnten. Und was ist das Ergebnis? Die »Umkehrer« sind vereinzelte »Rufer in der Wüste«, die »Durchbrecher« beherrschen die Gesellschaft wie zur Zeit seines Erscheinens.
Zu ähnlichen Schlußfolgerungen kommt Erich Fromm in »Haben oder Sein«[158]. Er bezieht sich in seiner Sozialismuskritik auf den »radikalen Humanismus« von Karl Marx und schreibt: ›Der Protest von links kann als radikaler Humanismus bezeichnet werden, obwohl er manchmal in theistischen, manchmal in nontheistischen Begriffen geäußert wurde. Die Sozialisten meinten, daß die ökonomische Entwicklung nicht aufzuhalten sei, daß man nicht zu vergangenen Formen gesellschaftlicher Ordnung zurückkehren könne und daß die Rettung nur darin bestehen könne, vorwärtszugehen und eine neue Gesellschaft aufzubauen, in der die Menschen von Entfremdung, von Versklavung durch die Maschine und dem Schicksal der Enthumanisierung befreit sind. Der Sozialismus stellte eine Synthese der religiösen Tradition des Mittelalters und der sich nach der Renaissance entwickelnden wissenschaftlichen Denkweise und Entschlossenheit zum politischen Handeln dar. Er war, wie der Buddhismus, eine ›religiöse‹ Massenbewegung, die, obwohl sie sich profaner und atheistischer Begriffe bediente, den Menschen von Selbstsucht und Habgier befreien wollte«.[159] Er zitiert Ehrlich[160], ihm zustimmend:
»1. Angesichts des heutigen Standes der Technik bzw. der gegenwärtigen Verhaltensmuster ist unser Planet bereits jetzt stark übervölkert.
2. Die große absolute Bevölkerungszahl und die hohen Geburtsraten stellen schwere Hindernisse für die Lösung menschlicher Probleme dar.

---

157 Schumacher, 1974, S. 134–135
158 Fromm, 1989
159 Fromm, 1989, S. 151
160 Ehrlich, 1970, S. 426

3. Die Grenzen der menschlichen Fähigkeit, mit konventionellen Methoden Nahrungsmittel zu produzieren, sind nahezu erreicht. Versorgungs- bzw. Verteilungsprobleme haben bereits bewirkt, daß etwa die Hälfte der Menschheit unterernährt bzw. unrichtig ernährt ist. Zehn bis zwanzig Millionen Menschen sterben jährlich an Unterernährung.

4. Die Bemühungen um eine Steigerung der Nahrungsmittelproduktion haben weitere ökologische Belastungen zur Folge, wodurch die Fähigkeit der Erde, Nahrungsmittel hervorzubringen, letzten Endes abnehmen wird. Es ist nicht sicher, ob die Umweltverseuchung schon so weit fortgeschritten ist, daß sie nicht mehr rückgängig gemacht werden kann; unter Umständen hat die Fähigkeit unseres Planeten, menschliches Leben zu ermöglichen, bereits dauerhaften Schaden erlitten. Technologische ›Errungenschaften‹ wie Autos, Pestizide und anorganische Stickstoffdünger tragen wesentlich zur Vergiftung der Umwelt bei.

5. Es gibt Gründe für die Annahme, daß sich mit dem Bevölkerungswachstum die Wahrscheinlichkeit weltweiter tödlicher Epidemien und eines thermonuklearen Krieges erhöht. Beides könnte das Bevölkerungsproblem durch eine fatale ›Sterberatenlösung‹ beheben; beides ist potentiell imstande, die Zivilisation zu vernichten, ja den Homo sapiens von der Erde verschwinden zu lassen.

6. Es gibt kein technologisches Allheilmittel für den Problemkomplex, der die Bevölkerungs-, Nahrungsmittel- und Umweltkrise verursacht, wenn auch durch richtig angewandte Technologie in Bereichen wie Umweltschutz, Kommunikationswesen und Geburtenkontrolle weitgehend Abhilfe geschaffen werden kann. Echte Lösungen setzen einen dramatischen und rapiden Wandel menschlicher Einstellungen voraus, speziell in den Bereichen des reproduktiven Verhaltens, des Wirtschaftswachstums, der Technologie, des Umweltschutzes und der Konfliktlösung«[161].

Damit sind wir erneut bei der »menschlichen Grundeinstellung«, einer Utopie in einem vom Verfasser ansonsten voll akzeptierten Buch. Fromm vertritt die »Vision einer neuen Gesellschaft«, gibt aber zu: »Trotz der genannten hoffnungsvollen Faktoren bleiben die Chancen gering, daß es zu den notwendigen menschlichen

---

161 Fromm, 1989, S, 161–162

und gesellschaftlichen Veränderungen kommt. Unsere einzige Hoffnung ist die energiespendende Kraft, die von einer neuen Vision ausgeht«[162]. An die Stelle von »Profit und Macht« sollen »Sein, Teilen, Verstehen« treten, und den Platz der »kybernetischen Religion« soll ein »neuer, radikalhumanistischer Geist« einnehmen.

Neu ist dieser Wunsch allerdings nicht.

Pessimistischer sah das schon vor Jahrzehnten Albert Schweitzer, als er schrieb: »Wir stehen im Zeichen des Niedergangs der Kultur. Der Krieg hat diese Situation nicht geschaffen. Er selber ist nur eine Erscheinung davon. Was geistig gegeben war, hat sich in Tatsachen umgesetzt, die nun ihrerseits wieder in jeder Hinsicht verschlechternd auf das Geistige zurückwirken. Die Wechselwirkung zwischen dem Materiellen und dem Geistigen hat einen unheilvollen Charakter angenommen. Unterhalb gewaltiger Katarakte treiben wir in einer Strömung mit unheimlichen Strudeln dahin. Nur mit der ungeheuersten Anstrengung werden wir, wenn überhaupt noch Hoffnung vorhanden ist, das Fahrzeug unseres Geschickes aus dem gefährlichen Nebenarm, in den wir es abtreiben ließen, in den Hauptstrom zurückbringen.

Wir kamen von der Kultur ab, weil kein Nachdenken über Kultur unter uns vorhanden war. An der Jahrhundertwende erschien, unter den mannigfaltigen Titeln, eine Reihe von Werken über unsere Kultur«.[163]

Sehr kritische Auseinandersetzungen mit der Menschheitskultur des 20. Jahrhunderts führten den Arzt und Theologen schließlich zur Ethik, ohne sie utopisch als Lösung zu preisen. Er konstatierte und schien zu hoffen: »Welcher Art aber muß die denkende Weltanschauung sein, damit Kulturideen und Kulturgesinnungen in ihre begründet sein können?

Optimistisch und ethisch.

Optimistisch ist diejenige Weltanschauung, die das Sein höher als das Nichts stellt und so die Welt und das Leben als etwas an sich Wertvolles bejaht. Aus diesem Verhältnis zur Welt und zum Leben ergibt sich der Trieb, das Sein, soweit es von ihm beeinflußbar ist, auf seinen höchsten Wert zu bringen. Daraus entsteht dann die auf

---

162 Fromm, 1989, S. 348
163 Schweitzer, 1988, S. 85

die Verbesserung der Lebensverhältnisse der einzelnen, der Gesellschaft, der Völker und der Menschheit gerichtete Tätigkeit, aus der sich die äußeren Kulturerrungenschaften, die Herrschaft des Geistes über die Naturkräfte und die höhere soziale Organisation, ergeben.
Ethik ist die auf die innerliche Vollendung seiner Persönlichkeit gerichtete Tätigkeit des Menschen.«[164]
An anderer Stelle heißt es: »An sich ist auch in der Durchschnittsveranlagung eine Fähigkeit des Denkens gegeben, die dem einzelnen die Schaffung einer eigenen, denkenden Weltanschauung nicht nur möglich, sondern normalerweise auch zum Bedürfnis macht. Die großen Bewegungen der antiken und neuzeitlichen Aufklärung helfen die Zuversicht, daß in den vielen ein weckbares, elementares Denken ist, aufrechtzuerhalten. Auch die Beobachtung der Menschen und die Beschäftigung mit der Jugend stärkt diesen Glauben«.[165] Jedoch, wohin geht die Menschheit?

Als letzter Utopist sei hier Erhard Eppler als lutherischer Mahner in der SPD erwähnt, der eines seiner Bücher »Ende oder Wende? Von der Machbarkeit des Notwendigen«[166] nannte.

Er geht von ähnlichen Daten wie die Ehrlichs und Schumacher aus und stellt die Frage nach der Entwicklungspolitik: »Die Verschiebung einer ›drastischen Bevölkerungspolitik‹ in Südasien von 1990–1995 würde, da die Lebensgrundlagen fehlen, den Tod von 170 Millionen Kindern bewirken. Zehn Tage Verzug würden also den Tod von einer Million Kinder verursachen, jede Sekunde Säumen ein verendetes Kind, und zwar nicht irgendwann, sondern bis die heute Geborenen 50 Jahre alt sind. Hier hört das Rechnen auf, hier beginnt die Apokalypse.

Ein schwer verzeihlicher Mangel in diesen Berechnungen liegt darin, daß hier völlig isoliert von Bevölkerungspolitik die Rede ist. Indien betreibt seit eineinhalb Jahrzehnten Familienplanung ohne greifbaren Erfolg, weil man arbeitslosen oder unterbeschäftigten Analphabeten ohne ausreichende Ernährung und ohne soziale Sicherung nicht mit Familienplanung kommen kann. Hunderte

---
164 Schweitzer, 1988, S. 85
165 Schweitzer, 1988, S. 84
166 Frankfurt, 1976

von Millionen Eltern in Entwicklungsländern haben keine Chance, die Zahl ihrer Kinder selbst zu bestimmen. An dieser Stelle müßten neue Untersuchungen und Rechnungen ansetzen: Wie können Arbeitsbeschaffung, Alphabetisierung, Gesundheitsdienst, Alterssicherung die Geburtenrate verringern, wie kann eine niedrigere Geburtenrate die Befriedigung der Grundbedürfnisse erleichtern? Wo ist der Teufelskreis von Elend und Bevölkerungsexplosion aufzubrechen? Jedenfalls: Eine Fertilitätsrate Null in 35 Jahren ist nicht allein durch Familienplanung, sondern nur durch ungeheure Anstrengung auf allen Gebieten zu erreichen. Es ist auch aussichtslos, eine Senkung der Geburtenrate allein von einem höheren Pro-Kopf-Einkommen zu erwarten. Dieser Weg würde wesentlich mehr Zeit in Anspruch nehmen, als zur Verfügung steht.«[167]

Große Teile seines Buches sind leider keine Utopie, sondern spiegeln einen Teil der Realität, so, wenn er schreibt: »Bis 1973 hat die Menschheit mit ihren Hilfsquellen gewirtschaftet, als seien sie unbegrenzt. Und dafür sprach auch manches: Rohstoffknappheit war bislang immer überspielt worden. Letztlich schien sich alles wieder einzuspielen. Mit dieser Illusion haben die Computer des MIT aufgeräumt, auch wenn es nicht schwierig ist, die Berichte des Klubs von Rom auf hohle Stellen abzuklopfen. Wichtiger als alle sicher fragwürdigen Einzelberechnungen ist die Einsicht, daß wir, sobald wir zur Überwindung einer Grenze ansetzen, auf eine andere stoßen. Wahrscheinlich ließen sich zehn oder fünfzehn Milliarden Menschen ernähren, wenn Wüsten bewässert werden könnten. Die Wüsten werden aber nicht bewässert, sie werden nicht kleiner, sie wachsen rapide, weil Überbevölkerung, Überweidung, Zerstörung der Baumbestände zusammen mit Dürreperioden das ökologische Gleichgewicht am Rande der Wüsten (keineswegs nur der Sahara) auf Jahrzehnte irreparabel zerstört haben und weil Bewässerung von Wüsten riesige Mengen billiger Energie voraussetzt, etwa zur Entsalzung von Meerwasser. Tatsache ist, daß in vielen Ländern das Öl für die primitivsten Wasserpumpen zu teuer wird. Wer in diesem Zusammenhang seine Hoffnung allzu naiv auf Kernenergie setzt, sollte die Zahlen von Alvin Weinberg überdenken. Danach verlangt die Versorgung von 15 Milliarden Menschen mit

---

167 Eppler, 1976, S. 13

durchschnittlich 20 KWStd. durch Kernspaltung 24000 Reaktoren, 150000 to Plutoniuminventar, 15000 to Plutonium Jahresproduktion, 480 Reaktoren Ersatzbedarf, 210000 Transporte pro Jahr, davon 26000 ständig unterwegs. Wie man dann noch so etwas wie Sicherheit vor atomarem Terrorismus erreichen will, ist mehr als unklar. Dabei zeichnet sich schon für die nächsten Jahre eine rasche Verteuerung des Urans ab. Knapp und teuer werden auch die Stickstoffdünger, die auf Ölbasis hergestellt werden. Phosphate, deren Preis seit 1972 von 13,5 Dollar auf 61,3 Dollar pro Tonne gestiegen ist, dürften bei ständig wachsendem Bedarf allenfalls noch wenige Jahrzehnte ausreichen. Was aus den Gewässern der Erde werden würde, wenn alle Böden so massiv mit Kunstdünger versorgt würden wie die in den USA, ist offen. Wahrscheinlich ist, daß das rasche Wachstum der Algen den Gewässern so viel Sauerstoff entziehen dürfte, daß sie »umkippen«. Auch die künstliche Düngung stößt auf mehr als eine Grenze.«[168]

Eppler weiß, wovon er redet, wenn er vermerkt: »Wo die Interessen von Industriestaaten sich mit denen der Ölstaaten verbinden, entsteht eine ökonomische Macht, gegenüber der Entwicklungsländer in die hoffnungslose Position mehr oder minder erfolgreicher Bettler gedrängt werden könnten« und »Entwicklungsplaner unterstellen gern, daß das Vernünftige, ist es erst erkannt, auch getan werde. Dem ist natürlich nicht so. Regierungen verwenden immer den größeren Teil ihrer Energie darauf, sich an der Macht zu halten.«[169]

Seine Warnungen vor dem naheliegenden Griff zu staatlicher Gewalt gelten nicht nur für »Entwicklungsländer«[170]. Er hofft auf Reformen und gibt ehrlicherweise zu: »Wer selbst sechs Jahre lang immer von neuem die Grenzen des Handlungsspielraums einer parlamentarisch-demokratischen Regierung zu ertasten versucht hat, dürfte vor übertriebenen Hoffnungen gefeit sein. Nur, wer die Reformunfähigkeit unserer Gesellschaft aus der These ableitet, der Staat sei nun einmal nicht mehr als der Agent des Monopolkapitals, läßt nur die Alternative zwischen Revolution oder Resignation. Und

---
168 Eppler, 1976, S. 14–15
169 Eppler, 1976, S. 17
170 Eppler, 1976, S. 17–18

da Revolution in dieser Gesellschaft unmöglich, Resignation aber bequem und billig zu haben ist, bleibt es schließlich bei der Resignation.«[171] Was soll man aber heute, 20 Jahre später, nach der »Mainzerstraße« – dem demonstrativen Masseneinsatz schwerbewaffneter Polizei gegen einige Dutzende Hausbesetzer in Ostberlin als Drohung mit massiver Gewalt im Falle des Widerstands im »Osten« gegen die Bonner Politik und der »Treuhand« – anderes von den herrschenden Staatsorganen erwarten? In der Tat steht die Frage: Kommen Reformen noch zurecht oder sind sie Utopien wie alle anderen Hoffnungen in der Vergangenheit? Ist Resignation nicht die einzige realistische Schlußfolgerung?

3. Der islamische Fundamentalismus – eine Form der Utopie

Die Utopien Europas und Amerikas wurzeln wie der Maoismus Chinas in den regionalen Kulturtraditionen, zum einen im Christentum und zum anderen im Konfuzianismus oder Taoismus. Der Marxismus ist eine philosophische Negation des Christentums und wirkte daher primär in christlichen Ländern, während er in China eine konfuzianisch-taoistische Auslegung erfahren mußte.

Im islamisch geprägten Kulturgebiet bestehen andere Grundmodelle des Menschenbildes und des Denkens, und daher nehmen soziale Utopien im Islam seit Jahrhunderten die Form einer geistigen Rückkehr zu den »Fundamenten« dieser pantheistischen Religion an, deren Grundthese lautet, daß der Islam der verbal bekundete Wille Gottes sei und daß diese »Wahrheit« allen älteren (»verfälschten«) »Wahrheiten« überlegen sei. Die seit dem 16. Jahrhundert deutlich spürbare Zurückdrängung der Muslime durch die »Christen« bis zur politischen und sozialen Unterwerfung in Kolonien stellte den Repräsentanten dieser Völker die Frage nach den Ursachen ihrer Niederlage.

Solange sie nicht die Grundlagen islamischen Denkens verließen, die Thesen von der Allmacht Gottes und der Wahrheit seiner Verkündigung, konnten sie die Ursache für das Elend der muslimischen Völker nur in der Abkehr der Gläubigen vom Willen

---

171 Eppler, 1976, S. 157

Allahs sehen. Diese naheliegende Schlußfolgerung ist seit dem 17. Jahrhundert von Vertretern unterschiedlicher Strömungen gezogen worden, sowohl von Konservativen wie von Humanisten und Revolutionären, wobei letztere Gruppen sich in der Regel mit dem Sozialismus auseinanderzusetzen hatten. Für jede dieser mannigfaltigen Gruppierungen in unserem Jahrhundert sei eine Persönlichkeit genannt, die charakteristische Grundthesen vertreten hat.

Die konservative Richtung repräsentierte u. a. der Ägypter Hasan al-Banna, der seit der Weltwirtschaftskrise von 1928–1929 im Widerstand gegen die britischen Truppen in Ägypten die Abkehr von Europa und die Hinwendung zum »Ur«-Islam forderte. Er verlangte, daß die Araber zum reinen Kalifat der unmittelbaren Nachfolger Mohammeds zurückkehrten. Nur ein muslimischer Despot könnte den bestehenden Klassenkampf beenden und alle Gläubigen befreien und einigen. Die von ihm geschaffene Organisation der »Muslimbrüder« versucht seither, dieses Ziel mit Terror zu verwirklichen.

Eine geistige Lösung strebte der hochgebildete Inder Mohammad Iqbal (1876–1938), Sohn einer zum Islam übergetretenen Brahmanenfamilie aus Kaschmir, an. Er studierte zuerst in Lahore, ging dann nach Cambridge und Heidelberg und vereinte als Denker und Dichter die Traditionen der indo-persischen Sufis mit den Gedanken Goethes und Hegels. Nach Indien zurückgekehrt, beklagte er bereits vor dem 1. Weltkrieg die Lage seiner Landsleute und hielt ihnen u. a. in dem Gedicht »Antwort auf die Klage« vor, Gott rechne den Muslimen ihre Faulheit und Laxheit an, nach denen sie kein besseres Los verdienten, als unterdrückt zu werden. Er rief seine Brüder im Glauben auf, durch ständigen Kampf zu »wahren Menschen« zu werden, eine einzige Religion zu bekennen, ein Nation zu bilden und nur einem Buch, dem Koran, zu folgen. Seine Vorbilder waren nebeneinander Johann Wolfgang von Goethe und der Mystiker Dschalal ad-Din Rumi, die er im Paradies vereint glaubte. Er übersetzte Goethe, in dessen »West-östlichem Divan« er die Nähe des Deutschen zu der Iqbal vertrauten islamischen Mystik spürte, als deren Meister er Dschalal ad-Din Rumi verehrte. Letzterer suchte die Einheit der Religionen in seinen Gedichten zum Ausdruck zu bringen. Dies und das humane Wesen beider Dichter waren für Iqbal Vorbild und Anliegen. Er war politisch in der Muslim-Liga tätig, weshalb er heute als einer der Väter Pakistans verehrt wird.

Allerdings ist die Realität in Pakistan weit von Iqbals Ideal entfernt, denn der Dichter ersehnte eine ideale Gesellschaft der Freien, die jedem die Möglichkeit bieten sollte, zu einem idealen Menschen zu werden. Es sollte weder Knechtschaft noch Abhängigkeit geben und eine demokratische Staatsordnung herrschen. Der Islam war ihm die Ideologie der Gleichheit und Freiheit aller Nationen: »Koran: für die Kapitalisten Tod. Und Stütze für die mittellosen Sklaven.«[172]

Iqbal wandte sich scharf gegen den Kolonialismus und gegen die Unterdrückung der Arbeiterschaft und schrieb:

»Kapitalismus ist eine Last auf Erden

Nie wird von Schlaf und Essen satt er werden.

Arbeiterhand schafft Wohlstand dieser Welt

Recht ist's, wenn Nichtstun man für Diebstahl hält«.[173]

Der Dichter schrieb diese Zeilen in der Auseinandersetzung mit dem Werk Auguste Comtes und seines Sozialismusbildes. Leider hat er seine Vorstellungen in keinem seiner Werke systematisch dargestellt, und seine sozialen Ideale sind in seiner Heimat vergessen.

Anders verhält es sich mit den Konzeptionen Mu'ammar al-Gaddafis, der an der Spitze einer Offiziersverschwörung zum »Führer der Revolution« in Libyen wurde. Er stammt aus einem der kleinen Stämme des Landes, die sich um die Sitze islamischer Heiliger niedergelassen haben. Seine Familie hat im Kampf gegen die einfallenden Italiener große Opfer gebracht, und der junge Offizier war auf einer Militärschule in England mit den Ideen des Labour-Sozialismus in Berührung gekommen. Er hat nach der Machtübernahme schrittweise eine sogenannte »dritte Universaltheorie« entwickelt, die sein »Grünes Buch« in drei Kapiteln füllt. Er hatte gehofft, daß sie weltweit unterstützt werde – was aber nicht geschah.

In der Einleitung des Buches wendet sich Gaddafi gegen die bestehende Weltordnung, indem er schreibt: »Alle politischen Systeme in der heutigen Welt sind das Ergebnis des Kampfes der

---

172 Buch der Ewigkeit, 1643–1644, n. Schimmel, 1957, S. 77
173 Botschaft des Ostens, 224, n. Schimmel, 1957, S. 96

Regierungsinstrumente um die Macht, des gewaltsamen Kampfes der Klassen, Sekten, Stämme, Parteien oder Individuen.«[174] Er fährt fort: »Dies ist die Realität der in der heutigen Welt vorherrschenden Systeme. Daß sie die wahre Demokratie verfälschen, ist offensichtlich; sie sind diktatorische Regime.«[175] Für ihn sind Parteien, Stämme und Sekten in gleicher Weise Instrumente der Herrschaft.

Bei ihm heißt es: »Die Partei ist die Diktatur unserer Zeit« und »Wer Mitglied einer Partei ist, verrät die Gemeinschaft als Ganzes«[176] sowie »Die Partei ist der Stamm des modernen Zeitalters. Sie ist eine Sekte«[177] und »Klasse, Partei, Sekte und Stamm haben also den gleichen Ursprung und führen zu den gleichen Ergebnissen.«[178] Nach ihm ist die wahre Demokratie »die Volksmacht ohne Vertretung oder Repräsentation«[179], eine »direkte Demokratie« der Volkskongresse, die alle Erwachsenen umfassen und die ihre Komitees wählen, die statt der Regierung fungieren.

Ein besonderes Problem für die unentwickelte Gesellschaft Libyens war die Stellung der Lohnarbeiter. Er schreibt: »Die Lohnarbeiter sind, unabhängig davon, wie sich ihre Löhne verbessern, eine Art von Sklaven.«[180] Er will das Lohnsystem abschaffen und durch die »natürlichen Normen« ersetzen. Hier wirkt Rousseau nach.[181]

Der Gewinn soll nach Anteilen ausgeschüttet werden. Jeder Bürger soll eine eigene Wohnung und ein eigenes Auto erhalten. Der Boden stehe jedem zur Verfügung, der ihn bearbeite, sei aber niemandes Eigentum[182]. Gaddafi unterscheidet: »Das Ziel der sozialistischen Gesellschaft ist das Glück der Menschen, was nur durch die materielle und moralische Freiheit verwirklicht werden kann.«[183] Sein Ziel ist die idealisierte »Umma«, die Gemeinschaft der Gläubigen, wie sie Mohammed einst gelehrt hatte.

174 Gaddafi, 1985, S. 8
175 Gaddafi, 1985, S. 10
176 Gaddafi, 1985, S. 15
177 Gaddafi, 1985, . 19
178 Gaddafi, 1985, S. 22
179 Gaddafi, 1985, S. 29
180 Gaddafi, 1985, S, 54
181 vgl. Gaddafi, 1985, S. 56
182 vgl. Gaddafi, 1985, S. 65
183 Gaddafi, 1985, S. 77

Ähnliche Grundideen über die Rückkehr zum Urislam vertraten und vertreten algerische Ideologen, die Baathpartei Syriens und des Irak und in etwas anderer Ausprägung die Mullas im Iran sowie die neuen Herren Afghanistans.

Die Muslime in Algerien sind schon seit Jahrzehnten in Modernisten und Fundamentalisten gespalten. Scheich Abd ul-Hamid b. Badis (1890–1940) gründete 1931 die ›Union der algerischen Ulema‹, deren Wahlspruch seine patriotische Haltung widergibt: »Der Islam – meine Religion, Arabisch – meine Sprache, Algerien – mein Vaterland«. Die Union errichtete Schulen und trat für einen gewaltlosen Kampf für die Befreiung Algeriens ein. Ihre Gegner waren die Marabuts und islamische Bruderschaften, die mit den Franzosen paktierten.

Geändert haben sie an der sich immer mehr verschärfenden Krise ihrer Länder wenig. Die Übermacht der »Industrieländer« läßt das Sehnen von vier Fünfteln der Menschheit nach einem erträglichen Leben als Illusion erscheinen, die nur den Traum von einer besseren Welt als Trost bestehen läßt.

XI. Das 3. Jahrtausend

Wieder geht die Menschheit einem neuen Jahrtausend entgegen, einem dritten Jahrtausend, aber kaum jemand erwartet von ihm die Erlösung der Menschheit vom Elend. Die alten apokalyptischen Reiter morden weiter mit Krieg, Hunger und Pestilenz, ohne daß ein wiederkehrender Heiland auszumachen ist. Hinter ihrer Reihe erscheinen nur neue Legionen der Feinde der Menschheit – Atomwaffen, Giftgase und andere Massenvernichtungswaffen, die zum Ende des 2. Jahrtausends nicht vernichtet, sondern modernisiert werden. Noch schrecklicher drohen Erosion, Umweltvergiftung und Ozonzersetzung, die Menschheit zu dezimieren, ohne daß ein Schuß abgegeben werden muß. Aids und andere neue und alte Seuchen ziehen in das neue Jahrtausend und treffen in erster Linie die vier Fünftel der Menschheit in Asien, Afrika und Lateinamerika, denen nichts bleibt als die Flucht in die Religionen, die sie trösten oder fanatisieren und die an der Bevölkerungsexplosion nichts ändern, die jeden Fortschritt ad absurdum führt.

Nach dem kläglichen Scheitern der UdSSR, deren letzte Führer sich nicht mit den Märtyrern der Taboriten oder mit Müntzer, noch mit den Helden der englischen Revolution oder den Pariser Kommunarden vergleichen können, ist selbst für den Optimisten der Weg in das 3. Jahrtausend dunkel. Sicherlich wird es auch in Zukunft Hoffende und Idealisten geben; bleiben der Menschheit aber nochmals tausend Jahre der Träume und der Zeit für eine wirkliche Umkehr?

XII. Literatur

Abegg, E.: Der Messiasglaube in Indien und Iran. Baden – Leipzig 1928
Adler, G.: Geschichte des Sozialismus und Kommunismus von Plato bis zur Gegenwart. Leipzig 1899
Bahro, R.: Die Alternative. Köln 1977
Bahro, R.: Für eine ökologische Antwort auf die Wirtschaftskrise. In: Alternativen der Ökonomie – Ökonomie der Alternativen. Argument-Sonderband 104, Herausgeber M. Ernst-Pörksen, Berlin 1984, S. 76–86
Benz, E.: Joachim. Studien I. Die Kategorien der religiösen Geschichtsdeutung Joachims. In: Zeitschrift für Kirchengeschichte III,1,2, Stuttgart 1931, S. 24–111
Bietenhard, H.: Das Tausendjährige Reich. Zürich 1955
Bloch, E.: Karl Marx und die Menschlichkeit. Hamburg 1970
Bodin, J: Six livres de la Republique, Lyon 1579
Brendler, G.: Das Täuferreich zu Münster. Berlin 1966
Brentjes, B. (Herausgeber): Theodor Mommsen 1817–1903. Berlin 1984
Brentjes, B.: Theodor Mommsen. Gedanken zum Lebensweg eines deutschen liberalen Gelehrten. In: Brentjes, B. (Herausgeber): Theodor Mommsen 1817–1903, Berlin 1984, S. 3–11
Buonarroti, G.: Babeuf und die Verschwörung für die Gleichheit. Stuttgart 1909
Büttner, Th. und E. Werner: Circumcellionen und Adamiten. Forschungen zur mittelalterlichen Geschichte, Bd. 2. Berlin 1952

Cohn, N.: Das Ringen um das tausendjährige Reich. Bern München 1961

Dempf, A.: Das dritte Reich. Schicksale einer Idee. In: Hochland, 29. Jhrgg. 1931–1932, H. 1, S. 36–48 und S. 158–171

Duperron, A.: La legislation orientale. Amsterdam 1778

Ehrlich, P. R. und A. H. Ehrlich: Bevölkerungswachstum und Umweltkrise. Die Ökologie des Menschen. Frankfurt/Main 1970

Engels, F.: Lage der arbeitenden Klasse in England. In: Karl Marx / Friedrich Engels, Werke, Bd. 1, Berlin 1957, S. 464–465

Engels, F.: Ein Fragment Fouriers über den Handel. In: Karl Marx / Friedrich Engels, Werke, Bd. 2, Berlin 1957, S. 604–610

Engels, F.: Die Lage der arbeitenden Klasse in England. In: Karl Marx / Friedrich Engels, Werke, Bd. 2, Berlin 1957, S. 225–506

Engels, F.: Die Entwicklung des Sozialismus von der Utopie zur Wissenschaft. In: Karl Marx / Friedrich Engels, Werke, Bd. 19, Berlin 1962, S. 181–228

Engels, F.: Herrn Eugen Dührings Umwälzung der Wissenschaft (»Anti-Dühring«). In: Karl Marx / Friedrich Engels, Werke, Bd. 20, Berlin 1962

Eppler, E.: Ende oder Wende. Von der Machbarkeit des Notwendigen. Frankfurt/Main 1976

Flavius Josephus: Jüdische Altertümer (Übersetzt und herausgegeben von H. Clementz), Bd. II, Halle 1923

Franke, O.: Geschichte des chinesischen Reiches, Bd. I. Berlin 1930

Fromm, E.: Haben oder Sein. Die seelischen Grundlagen einer neuen Gesellschaft. DTV, München 1989

Gollwitzer, H.: Europabild und Europagedanke. München 1964

Grousset, R.: Orient und Okzident im geistigen Austausch. Stuttgart 1955

Harstick, H. P.: Karl Marx über Formen vorkapitalistischer Produktion. Vergleichende Studien zur Geschichte des Grundeigentums. Frankfurt/Main New York 1977

Hartmann, H. M.: Theodor Mommsen. Gotha 1908

Hegel, G. W. F.: Die Vernunft in der Geschichte. Einleitung in die Philosophie der Weltgeschichte. Leipzig 1917

Hegel, G. W. F.: Recht. Staat. Geschichte. Stuttgart 1917

Hegel, G. W. F.: Die orientalische Welt. Leipzig 1919

Hilferding, F.: Das Finanzkapital. Berlin 1910

Huck, J. C.: Joachim von Fiore und die joachitische Literatur. Ein Beitrag zur Geistesgeschichte des hohenstaufischen Zeitalters mit Benützung und teilweiser Veröffentlichung ungedruckter Joachimsschriften. Freiburg (Br.) 1938

Joachim di Fiore: Das Reich des Heiligen Geistes. München 1957

Kamlah, W.: Apokalypse und Geschichtstheologie. Die mittelalterliche Auslegung der Apokalypse vor Joachim di Fiore. In: Historische Studien, Heft 285, Berlin 1956

Kovalevskij, M. M.: Občinnoe zemlevladenie, pričiny i posledstvija ego razločenija. Moskau 1879

Krader, L.: The ethnological notebooks of Karl Marx. Assen 1972

Kroker, E. M.: Der Revolutionsgedanke im alten chinesischen Recht. In: Zeitschrift der Deutschen Morgenländischen Gesellschaft, Bd. 101, Wiesbaden 1951, S. 341–351

Lenin, W. I.: Der Imperialismus als höchstes Stadium des Kapitalismus. Moskau 1946

Lenin, W. I.: Staat und Revolution. In: Lenin, W. I.: Ausgewählte Werke in zwei Bänden, Moskau 1947, S. 158–253

Lubbock, J.: The Origin of Civilisation and the Primitive Condition of Man. London 1870

Marx, K.: Zur Kritik der Hegelschen Rechtsphilosophie. In: Karl Marx / Friedrich Engels, Werke, Bd. 1, Berlin 1957, S. 378–391

Marx, K.: Zur Judenfrage. In: Karl Marx / Friedrich Engels, Werke, Bd. 1, Berlin 1957, S. 347–377

Marx, K.: Der Kommunismus und die Augsburger »Allgemeine Zeitung«. In: Karl Marx / Friedrich Engels, Werke, Bd. 1, Berlin 1957, S. 105–108

Marx, K.: Zur Kritik der Hegelschen Rechtsphilosophie. In: Karl Marx Friedrich / Engels, Werke, Bd. 1, Berlin 1957, S. 201–236

Marx. K.: Der Bürgerkrieg in Frankreich. In: Karl Marx / Friedrich Engels, Werke, Bd. 17, Berlin 1962, S. 313–362

Marx, K.: Vorrede zur zweiten russischen Ausgabe des Manifests der Kommunistischen Partei. In: Karl Marx / Friedrich Engels, Werke, Bd. 19, Berlin 1962, S. 295–296

Marx, K.: Brief an die Redaktion der »Otetschestwennije Sapiski«. In: Karl Marx Friedrich Engels, Werke, Bd. 19, Berlin 1962, S. 107–112

Marx, K.: Das Kapital. Kritik der politischen Ökonomie. I. Band. In: Karl Marx / Friedrich Engels, Werke, Bd. 23, Berlin 1962

Marx, K. : Das Kapital. Kritik der politischen Ökonomie. III. Band. In: Karl Marx / Friedrich Engels, Werke, Bd. 25, Berlin 1964
Marx, K., und F. Engels: Manifest der Kommunistischen Partei. In: Karl Marx / Friedrich Engels, Werke, Bd. 4, Berlin 1980, S. 459–491
Meyer, R.: Die Flugschriften der Epoche Ludwigs XIV. In: Basler Beiträge zur Geschichtswissenschaft, Bd.50, Basel, Stuttgart 1955
Moeller van den Bruck, A.: Das dritte Reich. Hamburg – Berlin – Leipzig 1930
Mommsen, Th.: Römische Geschichte. Berlin 1856–1885
Mommsen, Th.: Was uns noch retten kann. In: Die Nation, Wochenschrift für Politik, Volkswirtschaft und Literatur, 20. Jhrgg., Nr. 11, 13, Berlin Dezember 1902, S. 163–164
Morgan, L. H.: Ancient Society. London 1877
Muramatsu, Y.: Some themes in Chinese rebel ideologies. In: Wright, F. : The Confucian persuasion, Stanford 1960, S. 241–267
Nöldeke, Th.: Geschichte der Perser und Araber zur Zeit der Sasaniden, aus der arabischen Chronik des Tabari. Leiden 1879
Paust, A.: Das »Tausendjährige Reich« in Geschichte und neuester Literatur. In: Alere Flamman, Leipzig 1921, S. 60–78
Phear, J. B.: The Aryan Village in India and Ceylon. London 1880
al-Qaddafi, M.: Das Grüne Buch. Dresden 1985
Reicke, B. und L. Rost: Biblisch-historisches Wörterbuch. Göttingen 1966
Ričan, R.: Die böhmischen Brüder. Berlin 1961
Ritter. J.: Hegel und die französische Revolution. In: Arbeitsgemeinschaft für Forschung des Landes Nordrhein-Westfalen, H. 63, Köln – Opladen 1957
Rosenberg, A. (Herausgeber): Joachim von Fiore: Das Reich des heiligen Geistes. München – Planegg 1955
Rousseau, J. J.: Der Gesellschaftsvertrag. München 1948
Rousseau, J. J. Rousseau: Diskurs über die Ungleichheit ›Discours sur l'inégalité‹. Herausgeber H. Meier, Paderborn – München – Wien – Zürich 1984
Schellings Schriften zur Gesellschaftsphilosophie. Ausgewählt, mit Einführung und Anmerkungen versehen von Dr. Manfred Schröter. Jena 1926
Schimmel, A. Buch der Ewigkeit. München 1957

Schulin, E.: Die weltgeschichtliche Erfassung des Orients bei Hegel und Ranke. In: Veröffentlichungen des Max-Planck-Instituts für Geschichte, Bd. 2, Göttingen 1958

Schumacher, E. F.: Es geht auch anders. Jenseits des Wachstums. Technik und Wirtschaft nach Menschenmaß. München 1974

Schweitzer, A.: Ausgewählte Werke in fünf Bänden, Bd. 2, Berlin 1988

Stalin, J. W.: Fragen des Leninismus. Moskau 1946

Stalin, J. W.: Über die Grundlagen des Leninismus. In: Stalin, J. W.: Fragen des Leninismus, Moskau 1946, S. 9–100

Stalin, J. W.: Über dialektischen und historischen Materialismus. In: Stalin, J. W.: Fragen des Leninismus, Moskau 1946, S. 647–679

Stalin, J. W.: Rechenschaftsbericht an den XVIII. Parteitag. Über die Arbeit des ZK der KPdSU(B). In: Stalin, J. W.: Fragen des Leninismus, Moskau 1946, S. 680–733

Stelling-Michaud, S.: La Mythe du despotisme oriental. In: Schweizer Beiträge zur Allgemeinen Geschichte, Bd. 18–19, Bern 1960–1961, S. 328–346

Suttner, B. von: »Rüstet ab« In: Das österreichische Wort. Bd 67, Graz – Wien 1960

Taubes, J.: Abendländische Eschatologie. Beiträge zur Soziologie und Sozialphilosophie, Bd. 3, Bern 1947

Tuckermann, H. J. (Herausgeber): Lord Byrons poetische Werke in acht Bänden. Bd. IV. Stuttgart o. J.

Vorländer, K.: Von Macchiavelli bis Lenin. Leipzig 1974

Wappler, P.: Die Täuferbewegung in Thüringen von 1526–1584. Beiträge zur neueren Geschichte Thüringens, Bd. 2. Jena 1913

Wendelborn, G.: Gott und Geschichte. Joachim von Fiore und die Hoffnung der Christenheit. Leipzig 1974

Wright, F.: The Confucian persuasion. Stanford 1960

Wucher, A.: Theodor Mommsen. Geschichtsschreibung und Politik. Göttingen 1925

XIII. Begriffe und Namen

Abraham	Ältester Patriarch des Judentums; 1. Mose
Achämeniden	Altpersische Dynastie, 700–300 v. Chr.
Adamiten	Radikale christliche Sekte, die sich auf Adam (= den ersten Menschen) und sein Leben ohne Obrigkeit beruft
Aion	Zeitalter
Aionenlehre	Lehre, daß die Welt in Zeitaltern besteht
Anarchismus	Lehre über eine Gesellschaft ohne Staat
Apokalypse	Enthüllung, Offenbarung
Apostel	Ausgesandter, im Neuen Testament die 12 Schüler Jesu, die seine Lehre verbreiteten
Augustiner	Katholische Ordensgenossenschaften, zurückgehend auf den Kirchenlehrer Augustinus Aurelius (354–430)
Autokratie	Selbstherrschaft, absolute Herrschaft eines Monarchen
Begarden oder Lollharden	»Mönche« ohne Gelöbnis, im 12.-13. Jahrhundert in kirchlichen Zentren lebende Laien – vergleichbar den Beginen
Beginen	»Nonnen« ohne Gelübde, im

Böhmische Brüder	12. und 13. Jahrhundert in kirchlichen »Heimen« lebende Laien Aus den Hussiten hervorgegangene reformierte Strömung mit demokratischer Zielsetzung
Brahmanen	Indische Kaste mit Priesterfunktion
Brüder und Schwestern des freien Geistes	Radikale christliche Strömung gegen Dogmen und Hierarchien im 13.-15. Jh.
Bund der Geächteten	Geheimbund deutscher Handwerksburschen nach 1830
Bund der Gerechten	Geheimbund deutscher Handwerksburschen nach 1830
Bund der Kommunisten	Von Marx und Engels geleitete Keimzelle der deutschen Arbeiterbewegung, deren Programm, das »Kommunistische Manifest«, sie erarbeiteten
Calvinisten	Anhänger der Lehren des Reformators Johann Calvin (1509–1564)
Carbonari	Italienischer Geheimbund mit nationaler und liberaler Ideologie
Chiliasmus	Lehre vom tausendjährigen Reich Christi auf Erden
Chiliasten	Anhänger der Lehre über das kommende tausendjährige Reich Christi auf Erden
Christus = Christos	Gesalbter
Cyrus = Kyros	Königsname der Achämenidendynastie
Donatisten	Anhänger des nordafrikanischen Bischofs Donatus von Karthago, 4. Jahrhundert
Elias	Prophet im Alten Testament, um 850 v. Chr.
Essener	Aramäisch »Die Frommen«; religiöskommunistische Sekte im alten Palästina (ca. 150 v. Chr. bis

	70 n. Chr.) mit Gütergemeinschaft, strenger Disziplin, gemeinsamer Arbeit usw.
evangelium aeternum	»ewiges Evangelium«, erträumte christliche Lehre der Gerechtigkeit
Exil	Landesverweisung, in der Bibel für die Verbannung der Juden nach Mesopotamien
Franziskaner	Einer der christlichen Bettelorden, nach der Regel des Franziskus von Assisi
Freimaurerbund	Ursprünglich idealistische bürgerliche Bewegung gegen den Feudalismus, heute Vereine
Fundamentalismus	Berufung auf die »Fundamente«, vor allem Protestanten, simplifiziert im Journalismus für islamische Strömungen
Gesellschaft der vier Jahreszeiten	Revolutionärer Geheimbund in Frankreich seit 1837
Häretiker	»Ketzer«
Hasmonäer	Jüdische Königsdynastie, 163–37 v. Chr.
Heberisten	Anhänger eines radikalen Revolutionärs in der französischen Revolution
Interdikt	Form des Kirchenbannes, Verbot der Vornahme religiöser Handlungen
Isaak	Patriarch der Juden, Sohn Abrahams, 1. Mose 22
Jakob	Patriarch der Juden, Sohn des Isaak, 1. Mose 25.9
Jeremias	Der zweite der großen Propheten des Alten Testaments, um 650 v. Chr.
Jesuiten	Von Ignaz von Loyola gestifteter christlicher Mönchsorden, die Gesellschaft Jesu, die den katholischen Glauben durch Mission,

	Unterricht und Erziehung ausbreiten will
Junges Deutschland	Revolutionärer Geheimbund in der Schweiz seit 1834; sein Ziel war die Einheit Deutschlands
Junges Italien	Geheimbund für die Vereinigung Italiens, seit 1832
Monophysiten	Christliche Strömung, deren Anhänger Christus einen rein göttlichen Charakter zuschreiben
Mühlhausen	Ort der Vernichtungsschlacht gegen die aufständischen Bauern 1525
Mystik	Grundform des religiösen Erlebens in verschiedenen Weltreligionen; verbunden mit Idee der Läuterung und persönlicher Offenbarung, oft durch Ekstase; auch psychologisierende Auslegung vorhandener Religionen
Neue Gemeinschaft	Konservativer deutscher Klub Ende des 19. und Anfang des 20. Jahrhunderts
Orthodoxie	»Rechtgläubigkeit«; Übereinstimmung von Glaubensanschauungen mit dem festgeschriebenen Bekenntnis einer Religion
Paläographie	Altschriftkunde
Pantheismus	Glaube an die Identität von Gott und Welt
papa angelo	Engelspapst
Parakleten	Helfer, Heiliger Geist der Wahrheit
Phalansterien	Vereinigung kleiner, sich selbst genügender Idealgemeinden, von Phalanx = Kerntruppe (n. Charles Fourier, 1772–1837)
Pietisten	Glaubensschwärmer im Luthertum seit dem 17. Jahrhundert; Besinnung auf persönliches Verhältnis zu Gott,

	Verbindung mit mythischen Motiven; im radikalen P. Ablehnung kirchlicher Ordnungen
Ptolemäer	Griechisch-hellenistische Dynastie in Ägypten, 323–30 v. Chr.
Rahel	Frau des Patriarchen Abraham
Sakrament	ursprünglich Weihehandlung; in der katholischen Kirche von Christus eingesetzte äußere Zeichen, die als heiligmachende Kraft Gnade verleihen. Seit dem 12. Jahrhundert in der katholischen Kirche sieben S.; die protestantische Kirche kennt nur zwei. S. werden nur an Glieder der Kirche gespendet.
Seleukiden	Griechisch-hellenistische Dynastie in Vorderasien, 321–64 v. Chr.
Semlja i wolja	Land und Freiheit, russischer revolutionärer Geheimbund, 1862–64
Spiritualen	Richtung der Franziskaner im 13./14. Jh.; forderte buchstäbliche Befolgung der Regel; Anhänger der Lehre, daß der Geist alles erfüllt und die Wirklichkeit auf ein geistiges Prinzip zurückzuführen ist (später z. B. auch Pantheismus Leibniz', Theismus b. Fichte u. a.)
Stigma	Schandfleck, Brandmal; religiös: Wundmale Christi
Sufis	Islamische Mystiker
Tabor	Verklärungsstätte Jesu auf einem Berg dieses Namens in Jerusalem
Taboriten	radikale Anhänger des fundamentalen tschechischen Kirchenreformers Jan Hus
Taoismus	Religiöse und philosophische Lehre in China seit dem 3. Jahrhundert v. Chr.

Theosophie	Gottesweisheit
Trinität	Freiheit, im Christentum Dreieinigkeit Gottes
Universalis pontifex maximus Jerusalem	pontifex maximus ursprünglich Titel des römischen Oberpriesters, dann universell mit Bezug auf Jerusalem für den Papst
Wiedertäufer	Christliche Strömung, die die Taufe von Unmündigen verwirft, da die Taufe bewußt wahrgenommen werden soll

XIV. Register

Abraham 34, 36, 38
Abrüstung 99, 102
Absolutismus 53, 88, 106, 120
Achämeniden 88
Adam 34f., 36
Adamiten 39, 44
Afghanistan 148
Afrika 68, 87, 110, 117, 126f., 149
Ägypten 12, 14, 37, 96, 145
Aionenlehre 19, 28, 30, 32
Akademie 49, 105
al-Banna, Hasan 145
Alexander II. 112
Alexandria 37
Algerien 93f., 96, 148
Alkuin von York 25
Altes Testament 11, 18f., 26, 32, 33, 37
Amerika 72, 93, 96, 107f., 144
Amos 11
Anarchie 52, 70, 126
Anarchismus 72f., 75ff.
Andreä, Johann Valentin 49
Antichrist 36f., 42f., 97
Antike 86, 104
Antiochia 37
Antiochos IV. Epiphanes 14, 17, 37
Apokalypse 20, 31f., 34, 36ff., 42, 50
apokalyptische Reiter 21, 149

Apostel 38, 74
Araber 145
Arbeiter 70ff., 91f., 99, 102, 104f., 109f., 117, 146f.
Arendt, Wilhelm 106
Aristoteles 65, 88
Armenbibel 33
Armenien 30, 114f.
Arnold (Pater) 43
asiatische Produktionsweise 86, 88, 93, 120ff.
Asien 29, 63, 68, 78, 88f., 93, 107, 110, 117, 126, 128, 149
Assyrer 12, 37
Auferstehung 23
Aufklärung 50, 71, 87, 120, 127
Augustiner 41
Aurangzheb 87
Australien 96, 108
Autokratie 74

Babeuf, François Noel 27, 55
Babylon 12f., 23, 31, 37, 42
Bacon, Francis 49
Badis, Abd ul-Hamid b. 148
Bahro, Rudolf 130ff.
Bakunin, Michael 75
Baltikum 115f., 124
Bardeisanes 19
Bauer, Bruno 66f.
Bauernkrieg 47

Bauernrevolution 121
Bayern 115
Bebel, August 102, 106
Begarden 39
Beginen 39
Belgien 107
Belsazer 15
Bena, Amalrich von 41
Benedikt 34
Benjamin 35
Bernier, François 87f., 93
Bismarck, Otto von 90, 99, 105
Blanc, Louis 70, 75, 90
Bodin, Jean 88
Böhme, Jakob 27, 49, 56
Böhmen 44f.
Böhmische Brüder 46, 49, 132
Bolschewiki 121
Bonaventura 40
Bourgeoisie 55, 80, 83, 95, 107, 109, 113, 118
BRD 130f.
Brest-Litowsk 115
Briten 99, 115, 125
Brüder und Schwestern des freien Geistes 39, 41f., 45
Bucharin, Nikolai Iwanowitsch 123
Bund der Geächteten 71
Bund der Gerechten 71f., 80
Bund der Kommunisten 80
Buonarroti 55, 70
Byzanz 25, 29f.

Cabet, Étienne 70
Calvinisten 50
Campanella, Tommaso 49
Carbonari 70
Casale, Ubertino von 40
Chaldäer 37
Chamberlain Arthur, Neville 104
Chelčicky, Peter 45, 48
Chiliasmus 27, 48, 55, 72, 78, 82, 85
Chiliasten 44, 45, 49, 50, 53, 83
China 89, 107, 110, 117, 120f., 126, 128, 144

Christen 18, 20, 29, 31, 34, 46, 67
Christentum 9, 19, 30, 46, 60, 62, 64ff., 74, 78, 97f., 144
Christus (Christos) 18, 25f., 28, 34, 35ff., 40, 42f., 45, 47f., 67f., 74
Churchill, Winston 125
Clemens 31
Cocejus (Papst) Koch, Johannes 49ff.
Comenius a. Komensky, Jan Amos 49f.
Comte, Auguste 146
Cyrus 13

d'Alembert, Jean-Baptiste 55
Dänemark 66
Daniel 8, 14ff, 36, 38
Dante Alighieri 40
Daudet, Alphonse 101
David 11, 17, 25, 36
DDR 130f.
Demokratie 54, 73, 147
Despotie 54, 65, 82, 87ff., 120, 145
Deutschland 39, 43, 46, 59, 66, 68, 70ff., 75, 99, 102, 104f., 107, 111, 114f., 116f., 123
Dialektik 59, 78, 83
Diktatur des Proletariats 91, 115, 118f.
Donatisten 25
Dostojewski, Fjodor Michailowitsch 74, 98, 135
Drache 21ff.
Drittes Reich 23, 25ff., 33, 38f., 48ff., 56f., 62, 67, 69, 74, 97f., 104
Duperron, Anquetil 89, 93

Edessa 19
Elam 15
Elia 38, 47
Engels, Friedrich 9, 68, 76ff., 87, 91f., 94f., 109, 114, 118, 120, 122, 126
England 39, 53, 62, 66, 68, 76, 79, 82, 86, 94, 107ff., 113, 124f., 146

Entente 99, 108
Episcopus 49
Eppler, Erhard 141
Erlösung 7, 9, 10, 19, 23, 28, 58, 69, 89, 111, 149
Essener 17, 23
Europa 10, 11, 27, 56, 60, 62f., 67ff., 74f., 77, 82, 88ff., 93ff., 99, 109f. , 117, 121, 124, 127f., 144
Evangelium 20, 33, 35, 45ff., 51f., 66f., 74
evangelium aeternum 39f., 50
Ezechiel 12, 20

Faschismus 97f., 124, 129
Feigenbaum 35
Feudalismus 86, 89f., 122
Feuerbach, Ludwig 66
Fichte, Johann Gottlieb 58, 126
Finnland 115f.
Flavius Josephus 17
Fourier, Charles 67, 70, 79, 132
Fox, Johann 50
Francke, August Hermann 50
Franken 25
Frankenhausen 47
Frankreich 53, 68ff., 76, 87f., 90f., 99, 107f., 115, 125
Franziskaner 27, 39f., 55, 66
Franziskus 40
Freiheit 26, 28, 33, 40, 42, 50, 53ff., 57ff., 61f., 65, 69, 71f., 76, 82, 92, 113, 129, 132, 146f.
Freimaurer 52
Friedrich der Freidige 44
Friedrich I. 29, 42
Friedrich II. 31, 42, 43, 44
Friedrich Wilhelm IV. 105

Gabriel 16
Gaddafi, Mu'ammar al- 146f.
Gentilordnung 94
Georgier 125
Gerhart von York 26
Germanien 61, 65, 85, 98

Gesellschaft der vier Jahreszeiten 70
Gewerkschaften 111
Gobineau, Joseph Arthur Comte de 104
Godwin, Wilhelm 72
Goethe, Johann Wolfgang 145
Gorbatschow, Michail 127f.
Goten 37
Gottesreich 50, 56, 97
Griechen 16, 18, 28, 30, 37, 60f., 65, 88, 98
Griechenland 85
Großmächte 126f.
Großmoghul 87, 89, 93
Grüne 132f.

Haager Friedenskonferenz 100, 102
Häresie 35, 39, 41, 75
Hasmonäer 17
Heberisten 55
Hegel, Georg Friedrich Wilhelm 8, 27, 58ff., 67f., 78f., 82f., 86ff., 92, 120, 145
Heiland 32, 49, 58, 149
Heilsgeschichte 28, 32
Heilszeit 31, 33, 48
Heine, Heinrich 105
Heinrich VI. 29, 31
Herwegh, Georg 105
Herzen, Alexander Iwanowitsch 73
Hesiod 28
Heß, Moses 67, 79
Hilferding, Rudolf 112f.
Hindus 7, 8
Hitler, Adolf 97, 124f.
Hölderlin, Friedrich 59
Holland 49
Holländer, Felix 98
Honorius 39
Hosea 35f.
Humanismus 79f., 82, 100, 129f., 138, 145
Hus, Jan 44, 48
Hussiten 45, 55

163

Ibsen, Henrik 97
Imperialismus 112ff.
Indien 86ff., 93, 95f., 124, 126, 141, 145
Inguschen 125
Innozenz III. (Papst) 29
Interdikt 42, 44
Internationale, I. 75f., 90
Internationale, II. 99
Internationale, III. 117
Iqbal, Mohammad 145f.
Irak 148
Iran 19, 28, 30, 32, 69, 107, 110, 148
Irenäus 25
Isaak 38
Islam 25, 30, 144f., 148
Israel 11, 12f., 17f., 24, 36ff.
Italien 29f., 43, 76, 123

Jacobi, Friedrich Heinrich 52
Jahve 14
Jakob 35, 36ff.
Japan 75, 107, 127
Jeremia 39, 42
Jerusalem 12ff., 18f., 21, 23, 24ff., 29, 31, 37, 42
Jesaja 7, 8, 13, 20, 35, 39
Jesuiten 50
Jesus 17ff., 23, 25, 30, 38, 41, 50f., 72, 129
Joachim di Fiore 8, 26ff., 39ff., 42, 46, 48, 50, 52, 56, 58f., 62, 67, 83, 97
Johannes 8, 17, 20, 28, 31f., 33f., 37f., 50, 52, 83
Joris, David 48
Juda 12, 20, 35, 37
Juden 13f., 17, 19, 37, 51, 64
Junges Deutschland 71
Junges Italien 70

Kaiser 26, 30, 42f., 44f., 56, 103, 105f.
Kalifat 145
Kalter Krieg 125f.

Kanada 96, 108
Kant, Immanuel 58
Kap 96
Kapitalismus 70, 77, 82, 86, 89f., 95, 110, 112ff., 122, 128, 146
Kapitalisten 71
Karatschaier 125
Karl (König) 25
Kaukasus 107, 110, 114, 116, 124, 128
Kautsky, Karl 95, 113
Ketzer 41f., 48, 67
Ketzerei 67, 74
Kierkkegard, Søren Aabye 66f.
Kirche 28, 32, 34, 35ff., 39f., 42f., 44ff., 48f.
Klasse 63, 79, 84, 91ff., 114, 118, 121f., 131, 147
Klassenkampf 70, 83, 112, 145
Kleinasien 20, 25
Koch, Johannes, s. Cocejus
Kolonialismus 95, 108, 117, 146
Kolonien 96, 107, 111, 126, 144
Komensky, Jan Amos, s. Comenius
Kommunismus 58, 70, 72f., 76, 79f., 104, 122, 129
Kommunisten 80f., 120f., 124, 126
Konfuzius 126f., 144
Konrad (v. Staufen) 43
Konstantin (Kaiser) 46
Konstantinopel 29, 37
Konstanz 44
Konstanze 29, 31, 42
Kontemplation 30f., 34
Kovalevskij 93
KPdSU 120
Krapotkin, Peter 75
Krasinski (Graf) 74
Kreuzfahrer 45
Kreuzzug 29f., 42
Kriegskommunismus 116f.
Krimtataren 125
Kuba 128

Kulturrevolution 126, 131f.
Kuo-min-tang 120f.
Kyffhäuser 44

Labriola, H. 76
Lactantius 25
Lagardelle, A. 76
Lamm Gottes 20f., 22f., 24
Landauer, Gustav 76
Langobarden 37
Lateinamerika 76, 117, 126, 149
Leibeigenschaft 109
Leibniz, Gottfried Wilhelm 49
Lenin a. Uljanow, Wladimir Iljitsch 76, 112ff., 116ff., 121
Leningrad 124
Leninismus 118, 120
Leroux, Pierre Henri 70
Lessing, Gotthold Ephraim 8, 27, 50, 53, 56, 65
Liberalismus 72, 105
Libyen 146
Linkshegelianer 67
Louis XIV. 86ff.
Luther, Martin 39, 41, 46ff., 58, 62

Mandschu-Dynastie 89, 110
Mao-Tse-Tung 121, 126, 131
Maoismus 144
Marabuts 148
Markion 19
Märtyrer 21, 25, 27, 38
Marx, Karl 8, 9, 27, 66, 67ff., 76ff., 89ff., 109, 111, 113f., 118, 120ff., 126, 129f., 132, 138
Marxismus 111f., 120, 144
Materialismus 66, 79, 122
Matthäus 45
Mazzini, Giuseppe 70
Mede, Joseph 50
Meder 12, 37
Medien 16
Mesopotamien 12
Messias 17f., 20, 42, 72, 74, 82

Meyer, F. C. 103
Michailowski, N. K. 77
Michels, Robert 76
Mickiewicz, Adam 74
Milton, John 53
Mittelasien 107, 109, 114, 116, 128
Moeller van den Bruck, Arthur 98
Mohammed 145, 147
Mommsen, Theodor 105f.
Monarchie 87f., 115
Monophysiten 30
Monopolkapitalismus 110
Montanus 25
Montesquieu, Charles de 86ff.
Morus, Thomas 49
Moses 37
Moskau 115f., 120f., 124
Müntzer, Thomas 8, 9, 27, 40, 46f., 48, 55, 149
Mystik 30, 41f., 47, 67, 83

Napier, John 50
Napoleon 74, 124
Napoleon III. 90
Naroda i wolja 109f.
Narodnaja wolja 75
Narodniki 95
Narodowolzen 112
Nebukadnezar 14
Neue Gemeinschaft 98
Neue Ökonomische Politik 116
Neues Testament 26, 32, 33, 35, 37f.
Niederlande 44, 107
Nietzsche, Friedrich 97f.
Nikolaus II. (Zar) 100, 102
Noah 36
Nobel, Alfred 99f., 103
Nomadenstaaten 89
Nordkorea 128
Novalis 56
NSDAP 27

Offenbarung 20, 28, 38, 51, 56, 64
Oktoberrevolution 76, 110, 115
Olivi, Giovanni 40

Orient 7, 10, 28f., 60f., 78, 85ff., 93, 95, 120
Orthodoxie 13, 30, 67, 74
Osmanen 88
Österreich 101f.
Österreich-Ungarn 107, 115
Ostkirchen 30
Owen, Robert 67, 79

Pakistan 146
Palästina 14, 29f.
Pantheismus 41, 144
papa angelo 38
Papst 25f., 28ff., 39, 40, 42f., 44, 56, 74
Paracelsus 48, 49
Paraklet 25, 56
Pariser Kommune 71, 90f., 112, 149
Partei 99, 103f., 106, 111, 116, 119f., 122, 124, 126ff., 147
Passion 35f.
Paulus 8, 19
Perser 13f., 18, 37
Persien 16, 87
Petrograd 114f.
Petrus 31
Phalansterien 132, 134
Pharaonen 14
Pietismus 69f., 79
Pietisten 45, 50
Plato 65
Plechanow, Georgi Walentinowitsch 95
Polen 73f., 82, 115, 124
Posaunen 21
Prag 44
Preußen 50, 52, 62, 67, 79, 90f., 99, 105
Produktionsmittel 91f., 114
Produktionsverhältnisse 84, 122
Produktionsweise 88ff., 91, 132
Produktivkräfte 84
Proletariat 77, 83, 86, 91, 96, 112, 118
Prophet 9, 11, 17, 20

Proudhon, Joseph Pierre 73, 90
Ptolemäer 14

Rahel 34
Rätesystem 116
Reform 91, 113, 144
Reformation 9, 34, 39ff., 44f., 48, 56, 58, 68
Renaissance 104
Renaud 70
Restauration 55, 67, 78
Revolution 9, 34, 43, 53, 55f., 58f., 62, 64, 67, 69ff., 73ff., 81ff., 86, 90ff., 95f., 107, 110, 112ff., 143, 149
Ribeira 50
Ricardo, David 63, 70, 84
Robespierre, Maximilien de 55
Rom 18f., 21, 23, 25, 29ff., 37, 38, 57, 60f., 74, 85, 98, 105f.
Römer 17f., 21, 65, 106
Roosevelt, Franklin Delano 125
Rosenkreuzer 49
Rousseau, Jean Jacques 53f., 82, 147
Rudolf von Habsburg 44
Ruge, Arnold 66
Rumänien 124
Rumi, Dschalal ad-Din 145
Rußland 73, 75, 77, 92ff., 99, 107ff., 114, 128

Saint-Martin 67
Saint-Simon, Claude-Henri 67, 70, 79
Sakrament 41, 45
Salah ad-Din 29
Salomo 11
San Domino, Gerhard von Borgo 39
Sarazenen 37
Sassulitsch, Vera Iwanowna. 94
Savonarola 41
Schelling, Friedrich Wilhelm Joseph v. 27, 56, 59, 68
Schlaf, Johannes 98

Schöpfergott 19
Schumacher, E. F. 134ff.
Schwärmer 41, 51f.
Schweden 124
Schweitzer, Albert 140f.
Schweiz 66, 75f., 112, 124
Schwenckfeld, Kaspar 48
Scotus Erigena, Johannes 41
Seleukiden 14, 17
Semlja i wolja 73
Shanghai 121
Sibirien 75, 108, 119, 125
Siegel 20f., 23, 34, 37f.
Sienkiewicz, Henryk 103
Sizilien 29
Sklaverei 85f., 88, 122, 147
Smith, Adam 63, 70, 84
Solowjew, Wladimir Sergejewitsch 74
Sorel, Georges 76
Sowjetrußland 116f.
Sowjets 116, 121
Sozialdemokratie 99, 103f., 106, 113
Sozialismus 67, 70, 75f., 79, 105, 109f., 116, 118f., 122f., 126, 130, 138, 145f.
Spanien 49, 76
Spener, Philipp Jacob 50
Spinoza, Baruch 50, 65
Spirituale 39f., 42, 55, 66
Staat 23, 25, 29, 42, 48f., 50, 52, 54, 57f., 70ff., 75f., 79, 83, 87, 89, 91f., 94, 106f., 109, 114ff., 118ff., 122, 126, 128, 130f., 143, 146
Stalin, d.i. Josef Wissarionowitsch Dschugaschwili 9, 117, 119, 122, 124
Staufer 29, 31, 43
Stirner, Max, d. i. Kaspar Schmidt 66, 73, 98
Sun-Yat-Sen 120f.
Susa 15
Suttner, Arthur von 100f.
Suttner, Bertha von 99ff.

Synagoge 35f.
Syndikalismus 76
Syrer 37
Syrien 14, 148

T'ai-ping 127
Tabor 30, 45
Taboriten 39, 44, 47, 55, 67, 149
Taoismus 126, 144
Tatian 19
Tausendjähriges Reich 10, 23, 25, 27, 42, 55, 98
Terror 73, 75, 99, 125f., 143, 145
Theosophie 49, 67
Thomas von Aquin(o) 39f.
Thüringen 44, 47
Tkatschow, P. N. 75
Tolstoi, Leo 103
Towianski, Andrzej 74
Trotzkisten 123
Tschechen 44
Tschetschenen 125
Tschiang-Kai-Schek 121
Tucker, Benjamin 73
Türkei 87, 107
Türken 29f., 74, 88
Tyconius 25

UdSSR 27, 116, 120, 122ff., 127, 130, 149
Ukraine 107, 115, 124, 128
Ungarn 115
universalis pontifex novae Jerusalem 38
Urgemeinschaft 122
USA 99, 107, 110, 125ff.
Utopie 10, 55, 70, 72, 74, 76, 78, 80, 91, 98f., 104, 106, 111, 115, 120, 123, 126ff., 130, 134, 144
Utopisten 48, 55, 129, 139

Vandalen 37
Venedig 29, 41
Viererbande 126
Vietnam 128
Villanuovo, Arnald von 40

167

Vorderasien 19, 124
Vormärz 79

Wagner, Richard 97, 104
Weigel, Valentin 48
Weitling, Wilhelm 72
Weltalter 38
Weltgeist 58, 62f., 67
Weltgericht 23
Weltgeschichte 50, 59, 61, 63f., 89
Wiclif 44

Wiedertäufer 39, 44, 46
Wilson, Thomas Woodrow 115
Wolgadeutsche 125

Zacharias 34, 38
Zahlenmystik 20, 32
Zar 73, 81, 92, 100, 107ff., 111f., 114, 116, 118, 124
Zaratuschtra 19, 98
Zeitalter 8, 9, 18f., 28, 30, 32, 34, 36, 40, 48, 52, 60f. 85
Zisterzienser 29, 30